OBSTÁCULOS À SINODALIDADE

João Décio Passos

OBSTÁCULOS À SINODALIDADE
Entre a preservação e a renovação

Dados Internacionais de Catalogação na Publicação (CIP)
Angélica Ilacqua CRB-8/7057

Passos, João Décio
Obstáculos à sinodalidade : entre a preservação e a renovação /
João Décio Passos. – São Paulo : Paulinas, 2023.
176 p. (Coleção Igreja em saída)

Bibliografia
ISBN 978-65-5808-210-1

1. Igreja Católica – Sínodo I. Título II. Série

23-0082   CDD 262.5

Índice para catálogo sistemático:

1. Igreja Católica – Sínodo

1ª edição – 2023

Direção-geral: *Ágda França*
Conselho editorial: *Andreia Schweitzer*
Antônio Francisco Lelo
Fabíola Araújo
João Décio Passos
Marina Mendonça
Matthias Grenzer
Vera Bombonatto
Editores responsáveis: *Vera Ivanise Bombonatto*
João Décio Passos
Preparação de original: *Ana Cecilia Mari*
Copidesque: *Mônica Elaine G. S. da Costa*
Coordenação de revisão: *Marina Mendonça*
Revisão: *Sandra Sinzato*
Gerente de produção: *Felício Calegaro Neto*
Capa e diagramação: *Tiago Filu*

---

*Nenhuma parte desta obra poderá ser reproduzida ou transmitida
por qualquer forma e/ou quaisquer meios (eletrônico ou mecânico,
incluindo fotocópia e gravação) ou arquivada em qualquer sistema de
banco de dados sem permissão escrita da Editora. Direitos reservados.*

Paulinas
Rua Dona Inácia Uchoa, 62
04110-020 — São Paulo — SP (Brasil)
Tel.: (11) 2125-3500
http://www.paulinas.com.br
editora@paulinas.com.br
Telemarketing e SAC: 0800-7010081
© Pia Sociedade Filhas de São Paulo — São Paulo, 2023

A capacidade de sentar-se para escutar o outro, característica de um encontro humano, é um paradigma de atitude receptiva, de quem supera o narcisismo e acolhe o outro, presta-lhe atenção, dá-lhe lugar no próprio círculo (*Fratelli Tutti*, 48).

Sumário

Introdução 9

Chaves de Leitura

I. As reformas e seus obstáculos 19
II. A sinodalidade e o papa reformador 33

Obstáculos Culturais

III. O eclesiocentrismo 51
IV. A cosmovisão sacerdotal 65

Obstáculos Políticos

V. O tradicionalismo 85
VI. O individualismo 99
VII. As bolhas e os magistérios 111

Obstáculos Estruturais

VIII. O clericalismo 127
IX. A escolha dos bispos 145

Entre a preservação e a renovação... 159
Bibliografia 167
Índice remissivo 171

Introdução

[...] o Evangelho convida-nos sempre a abraçar o risco do encontro
com o rosto do outro, com a sua presença física que interpela,
com os seus sofrimentos e suas reivindicações,
com sua alegria contagiosa permanecendo lado a lado.
A verdadeira fé no Filho de Deus feito carne é inseparável
do dom de si mesmo, da pertença à comunidade, do serviço,
da reconciliação com a carne dos outros...
(*Evangelii gaudium*, 88).

Os *Obstáculos à sinodalidade* expostos nesta reflexão são, na verdade, os obstáculos à vida comunitária, vivenciados na rotina dos que se esforçam para seguir Jesus como discípulos e missionários. A Igreja, comunidade de pessoas concretas de carne e osso, é o lugar onde a fraternidade traduz-se em afeto e solidariedade e constitui a base humana e divina de tudo o mais que se refira aos modos de organização eclesial. Sem essa eclesiologia encarnada, a sinodalidade torna-se mera estratégia política ou uma teologia abstrata da comunhão e participação. Não haverá sinodalidade enquanto a Igreja permanecer referenciada por uma eclesiologia do poder que sustente as visões e as práticas eclesiais e estruture, por conseguinte, os ordenamentos eclesiásticos. O poder sagrado centralizado não necessita da consciência e da prática sinodais; ele subsiste por si mesmo como função estável que advém do próprio Deus e que, por conseguinte, dispensa exercícios de participação, assim como não suporta mudanças e renovações.

Um obstáculo é aquilo que impede de ir para a frente. Ele pode decorrer de decisões ou de costumes, de normas ou de leis que, por razões explícitas ou não, impedem, limitam ou deturpam a execução de uma ação em uma determinada direção. A vida humana é feita de obstáculos e de buscas de superação. No exercício das coisas públicas – das relações mais próximas, como as familiares, até as mais amplas praticadas entre as nações –, os obstáculos de várias naturezas e decorrentes dos mais diversos interesses se fazem presentes. Em muitos casos, senão em todos, as assembleias são convocadas precisamente para ajudarem a superar obstáculos que se interpõem à convivência de um grupo: episódios novos, conflitos, construção de novos objetivos, mudanças nas normas e leis etc. Com as assembleias eclesiais não é diferente. Elas acontecem em todos os níveis para buscar decisões consensuais e pautar objetivos, metas e estratégias, conforme as soluções decididas pelo grupo. Os sínodos são assembleias eclesiais que decidem os rumos das Igrejas sobre algum aspecto de suas vidas internas, em nome da fidelidade a um valor fundamental e da continuidade fiel da missão recebida de Jesus Cristo em cada tempo e espaço. As Igrejas cristãs consolidaram em suas tradições formas diversas de praticar e entender a sinodalidade, quase sempre como um modo de vivenciar a comunhão e a missão dos seguidores de Jesus Cristo, agregados em uma mesma comunidade de igual dignidade e de um indispensável consenso de fé ou de costumes.

Os sínodos da Igreja Católica, retomados a partir do Vaticano II, foram uma forma de exercitar a colegialidade eclesial/episcopal em coerência com a eclesiologia conciliar edificada na comunhão dos iguais que compõem o Corpo de Cristo na história. Os bispos reunidos falam e decidem em nome da Igreja como um todo. Cada sínodo tem um objeto de reflexão/decisão que traz em si mesmo obstáculos a serem superados, mediante os desafios interpostos por razões doutrinais ou contextuais. Segundo ensina o Papa Francisco, fiel ao método fundamental do Concílio, a assembleia sinodal depara-se sempre com o desafio de articular o *depósito da fé* com o *depósito da vida* (Abertura do Sínodo da Família em 2015). Na teologia e no método conciliares trata-se de fazer o discernimento dos sinais dos tempos (GS 4, 11 e 44) nas diversas conjunturas históricas. A ilusão confortável de uma Igreja concluída em suas doutrinas e estruturas deu lugar a uma consciência da necessidade de construí-la a cada tempo e lugar na força do Espírito e na participação ativa dos sujeitos eclesiais. Auscultar o Espírito em cada geração e discernir os rumos da Igreja é um ato de fidelidade aos seus próprios fundamentos. A Igreja renova-se bebendo de suas próprias fontes. Tudo aquilo que impedir esse movimento "refontalizador" e renovador deverá ser eliminado, mesmo que se apresente como estrutura santa e eterna.

As assembleias de todas as naturezas constituem momentos de debates e decisões que edificam (constroem) a Igreja. Em qualquer instituição ou organização em que ocorrem, elas se destinam, em geral, a tomar determinada decisão, o que inclui uma dinâmica quase sempre regular: preparação, escolha dos membros, reflexões, construção de consensos, decisões e oficialização dos resultados. Não se trata de processos simples e lineares, mas, ao contrário, de momentos de confronto de posições distintas, de debates intensos e de exercício de consensualidade, em que a posição unânime se impõe como decisão. Para tanto, conta o perfil dos participantes, a capacidade de argumentação, o método de organização e participação e a capacidade de construir o próprio consenso.

Mas vale lembrar os pressupostos de uma assembleia: a validade e a legitimidade da própria assembleia (sem as quais prevalece o problema ou a decisão arbitrária dos mais fortes), o pacto em torno dos métodos (as regras de funcionamento de um modo geral) e a consciência honesta de todos os participantes, exigindo respeito à diversidade e adesão às decisões. As assembleias são invenções antigas, já presentes nas sociedades tribais que exercitam, de alguma maneira, a relação entre os iguais e diferentes. É um mecanismo que constrói a própria vida social de determinado grupo e que escolhe o consenso em vez da coerção, a renovação em vez da repetição.

O sínodo sobre a sinodalidade que está em marcha na Igreja Católica traz um objetivo, um conteúdo e uma meta especiais que visam afirmar a sinodalidade como um princípio, um método e um objetivo de ação para toda a Igreja. Não se trata de um sínodo para pensar em si mesmo (o que se resolveria com normas regimentais), mas para pensar a prática de toda a Igreja em suas diversas esferas, entre os diversos sujeitos eclesiais e em todas as suas ações. Não se trata de mais um debate universal sobre uma dimensão teológica da Igreja, mas de um apelo à mudança de postura eclesial que adote a comunhão e a participação como regra e hábito. Não se trata de uma reafirmação do princípio e da prática da colegialidade episcopal, mas da busca de uma colegialidade geral que se estenda para todo o corpo eclesial. Em suma, não é conversa nem decisão da cúpula e para a cúpula eclesial, de reflexão teórica, que aprofunde uma categoria teológica fundamental sem incidência na vida da Igreja e sem uma renovação metodológica pastoral que dispense a estrutura eclesial de revisões e mudanças. O Papa

Francisco já alertou para possíveis obstáculos ao processo sinodal, em seu discurso de abertura em 9 de julho de 2021.

O bispo de Roma tem modificado o jeito de proceder das assembleias sinodais, visando colocá-las na rota da participação geral de todo o povo de Deus; tem feito os sínodos serem mais sinodais e não apenas um mecanismo consultivo do magistério papal. Mas, mesmo assim, muitos obstáculos se interpõem antes, durante e depois do processo sinodal em curso, no sentido de afirmar renovações de ideias sem o aprimoramento de práticas e, sobretudo, de estruturas instituídas.

O Sínodo da Amazônia é um exemplo desses obstáculos em todo o seu processo. Fez grandes avanços na reflexão, na dimensão simbólica, na participação de diversos sujeitos eclesiais, porém, ao menos até o momento, provocou pouca transformação nas práticas e nas estruturas eclesiais, embora o processo o prometesse.

Na linha dos impedimentos já anunciados pelo papa sinodal, as reflexões que seguem visam expor de modo mais detalhado os possíveis e previsíveis obstáculos para a sinodalidade e, por conseguinte, para a próxima assembleia sinodal. Por hora, no entusiasmo do debate, todos se apresentam como defensores da ideia de sinodalidade, ainda que seja possível detectar as diferentes posturas discursivas, sendo a que mais interessa à presente reflexão a que reduz a questão tão somente à dimensão pastoral, sem impactos na estrutura eclesial. Afirmar renovação na esfera das ideias sem mudanças nas práticas consolidadas e instituídas é uma postura conservadora regular nas instituições tradicionais e nas burocracias. A estratégia de assimilar o novo no antigo é conhecida no *modus operandi* católico e já foi exposta pelo próprio Francisco no referido discurso.

As reflexões aqui apresentadas elegem alguns obstáculos que poderão emergir de forma mais explícita e ativa no conjunto do corpo eclesial, à medida que o sínodo vai se aproximando e seja levado a termo, embora já se encontrem visíveis e operantes na vida da Igreja e na própria sociedade. O Papa Francisco avança nas reformas, chegando a uma questão crucial sobre a participação na vida da Igreja em todas as instâncias e por todos os sujeitos. Talvez seja essa a questão mais crucial para a renovação da Igreja desde o Vaticano II, que lançou as bases teóricas de uma nova consciência eclesial: a da igualdade fundamental dos batizados no mesmo corpo como realidade anterior às diferenças exercidas pelas funções diversas dos ministérios.

Os obstáculos enumerados não esgotam, evidentemente, os que possam ocorrer no processo sinodal: antes, durante e, especialmente, depois. Eles tipificam mentalidades e posturas eclesiais consolidadas ou novas e que dispensam e rejeitam a vida sinodal, por tratar-se de algo desnecessário, estranho aos seus interesses e à própria compreensão que trazem consigo sobre Igreja e sociedade. A crise eclesial que gerou o novo papa reformador não está superada. A mesma luta interna que precipitou a renúncia inédita de Bento XVI opera com antigos e novos sujeitos e com as mesmas ideias que direcionaram o encastelamento conservador da Cúria Romana, das cúrias episcopais e das próprias paróquias. O projeto de reforma da *Igreja em saída* vem confrontando-se com o projeto antigo da *Igreja estável*, que via em Bento XVI o seu baluarte e líder.

Os debates e, sobretudo, as decisões sobre a sinodalidade vão expor a força dos dois projetos, quando os campos de força estiverem expostos e constituídos e o campo da conservação se sentir ameaçado em sua legitimidade e em sua reprodução segura como poder no conjunto da estrutura e da dinâmica eclesiais.

A reflexão está estruturada em duas partes. A primeira apresenta o que pode ser entendido como chave de leitura para preparar a localização dos obstáculos entre a conservação e a renovação. A segunda foca nos obstáculos culturais (nas ideias e nos valores consolidados que podem travar o avanço da sinodalidade), políticos (nas posturas de sujeitos que dificultam a participação) e estruturais (naquilo que se encontra instituído na Igreja e que pode reproduzir as inércias e resistir às mudanças).

Essas categorias, fornecidas pelo sociólogo Manuel Castells, permitem a percepção de que toda mudança é um processo gradativo que se conclui no plano institucional ou estrutural. Por essa razão, as mudanças nem sempre chegam com o ritmo e com a extensão sonhados pelos reformadores. As duas chaves de leitura permitem situar os desafios da sinodalidade no contexto social e eclesial. As reformas e os seus obstáculos não se isolam de um sistema maior que deve ser considerado para que as esperanças não se reduzam a ilusões e as estratégias não sejam frustradas em meio a processos de mudança sempre complexos. O olhar sociológico utilizado como recorte principal nas exposições tem, na verdade, como ponto de partida, como subsolo e como ponto de chegada a fé vivenciada e pensada pela teologia, de modo direto pela Igreja. A convicção da necessidade metodológica do cruzamento das duas perspectivas para elucidar a questão da sinodalidade sustenta a reflexão no conjunto e nos itens que a compõem. A sinodalidade será assumida (ou não) por um grupo humano concreto, feito de sujeitos com interesses particulares, formatado por padrões e normas, referenciados por uma longa tradição e estruturados em uma organização social e política. A teologia da comunhão e participação pede, portanto, a abordagem sociológica para efetivar-se de modo realista e viável.

Os sete obstáculos enumerados nascem da percepção social e eclesial do autor e, como toda visão analítica, estão sujeitos a limites como diagnóstico e previsão. Aliás, nas expectativas eclesiais do autor seria desejável que o processo sinodal falsificasse todos eles e revelasse as cegueiras analíticas a que estiveram vinculados no elenco disposto a seguir. Oxalá se concretize o sonho da Igreja sinodal! A sinodalidade é um valor eclesial que poderá, de fato, levar a cabo o que o Vaticano II deixou como germe que não morre e que leveda com seu fermento a Igreja e a sociedade atual. Nessa aposta é que os obstáculos são apresentados.

CHAVES DE LEITURA

I

As reformas e seus obstáculos

Os obstáculos são inerentes aos processos históricos, realidade em permanente mutação. A história avança sem retornos e sem fixações definitivas; não para no presente e não volta para o passado, como algumas consciências temerosas e conservadoras acreditam ser possível. A história real se modifica em uma dialética – dinâmica de afirmação e de negação, de construções e desconstruções – do antigo com o novo, ou seja, daquilo que vai sendo estabelecido como tradição (verdade a ser transmitida às gerações) e como padrão comum de vida (as instituições sociais, políticas, religiosas e legais) com aquilo que os sujeitos entendem ser necessário adotar como renovação. Desse modo, tanto as fixações quanto as renovações buscam meios de obter o consenso dos indivíduos e grupos em cada época e lugar. Em outros termos, ambas querem se institucionalizar como valor e padrão de vida comum. Duas projeções costumam se apresentar como verdadeiras e viáveis: a fixação em modelos permanentes, via de regra, retirados de algum lugar do passado, ou a fixação em escatologias religiosas ou secularizadas que prometem a solução das contingências históricas. As renovações nascem de promessas que aceitam o teste da viabilidade. Elas esbarram sempre nas fixações institucionais, que, por si mesmas, não necessitam de mudanças e que rejeitam as mudanças radicais.

Esse primeiro tópico de reflexão é teórico e genérico. Navega por referências sociológicas que visam expor as dinâmicas gerais dos processos de mudança, sem ainda se ocupar do processo sinodal, que é o objeto central de reflexão deste pequeno livro. O leitor está convidado a acompanhar os tópicos que seguem como uma primeira chave de leitura para compreender em muitos aspectos o que está ocorrendo na Igreja atual no processo sinodal.

1. As instituições visam à estabilidade

As instituições e as tradições são construídas em cada época e lugar como meios de fixar valores, padrões e estruturas dos grupos sociais que se definem em suas identidades; são fixações que aglutinam e asseguram os consensos nas relações dos membros aí conjugados, desde as esferas mais localizadas até aquelas mais globais. Elas não estão livres das contradições, mas, ao contrário, são sempre resultado de jogos de poder, de vencedores e vencidos ou de maiorias e minorias políticas que se impõem de algum modo como poder instituído. De toda forma, são modos de impor/garantir o comum e evitar a dissolução dos grupos, em conflitos sem controles e sem um fim previsto. Não há sociedade humana – das tribos às civilizações, dos impérios regionais aos acordos mundiais – sem suas fixações institucionais na forma de estruturas políticas, de valores ou de leis. Sem fixações históricas, seria impossível a convivência dos seres humanos, definidos ao mesmo tempo como individualidade (desejos, vontades e percepções) e como coletividade (organização em torno do comum). Esses dois polos constituem o ser humano real, para além das ilusões de indivíduos isolados e sem os outros ou de uma coletividade sem individualidades.

Todas as instituições visam assegurar o comum e evitar a dispersão e o conflito, e, por essa razão, constroem os meios de sua reprodução histórica e de sua preservação. Nenhuma instituição vai se apresentar como provisória. As leis, os Estados, as Igrejas e as organizações, de modo geral, se mostram como construções seguras que garantem seus objetivos de convivência coletiva e, em nome dessa segurança, se tornam estruturadas, sólidas, rígidas e quase sempre conservadoras. Elas estabelecem também os mecanismos de preservação de si mesmas, por meio de regras que regulam, rejeitam e, até mesmo, criminalizam tudo aquilo que se apresentar como ameaça a sua estabilidade. As instituições são por natureza preservadoras do que consideram necessário, seguro, justo e sagrado, para a sua sobrevivência no tempo e no espaço.

Nesse sentido, elas tendem a ser: (a) *sistêmicas:* como um todo formado de partes bem articuladas nos termos das regras gerais e específicas, dos sujeitos e hierarquias que exercem os serviços, de fins e meios das ações regulares, dos discursos e das ações efetivados; (b) *autossuficientes:* como conjunto de regras estruturais e funcionais que funcionam por si mesmas, sem necessitar de indivíduos especiais que lhes administrem e coloquem em ação; (c) *estáveis:* na medida em que se organizam a partir de regras estabelecidas e fixas, de discursos jurídicos, filosóficos ou teológicos que fundamentam suas existências como necessárias, naturais ou sagradas; (d) *conservadoras:* as regras de continuidade no poder visam garantir que não haja mudanças nos valores e nas estruturas, nos objetivos e nas metas da instituição; (e) *reprodutivistas:* asseguram às administrações, ou seja, aos poderes de comando, uma continuidade segura, com os mesmos interesses e com os mesmos sujeitos, de uma família, de uma casta, de um partido ou de uma classe social, ainda que possa haver as trocas inevitáveis dos sujeitos individuais.

2. As instituições são construídas e provisórias

Contudo, as instituições não nascem do nada nem caem prontas do céu, ainda que muitas delas assim se apresentem: por meio de discursos que justificam sua estabilidade como imutáveis, eternas ou fundadas em revelações sobrenaturais, por meio de discursos que criam vínculos naturais à vida de uma família (consanguinidade) ou de uma nação (naturalizada), ou, ainda, por meio de discursos que opõem a ordem institucional segura à desordem da renovação (medo).

Na verdade, todas são construídas a partir do jogo tenso de interesses de indivíduos e de grupos, mais ou menos organizados; resultam de conjunturas políticas, onde o comum se impõe pela força da coerção ou do consenso, do domínio dos grupos mais fortes ou do acordo entre as maiorias. Elas provêm de valores que foram impostos ou adotados pelos sujeitos como consensuais em determinado contexto; nascem, assim, de construções culturais – ideias, valores, formulações – e de jogos políticos: de sujeitos envolvidos nos processos de fixação das regras e dos papéis a serem executados em nome de todos.

Nessa tensão própria da natureza humana, conflito e consenso estão presentes nas dinâmicas de relacionamento, sendo que o consenso foi sobrepondo-se ao conflito e aos isolamentos, como estratégia mais viável e, inclusive, mais econômica do que a guerra. Era, sem dúvida, mais vantajoso inventar normas comuns por meio de acordos – pela submissão e pelo consenso – do que adotar a guerra como forma de administrar os interesses diferentes dos indivíduos ou dos grupos.

Cada geração histórica é sempre uma construção presente; um jeito de organizar e pensar os acordos comuns da convivência humana, para além dos isolamentos individuais ou grupais. Todas as instituições resultam de arranjos impostos ou acordados entre sujeitos políticos em determinada época e, a partir daí, buscam meios de garantir e perpetuar seus propósitos e seus modelos, ainda que inevitavelmente envelheçam.

3. As instituições se desgastam e se refazem

Não há organização imutável ou eterna. Embora as instituições tendam a ser assim, ou, ao menos, a buscar os meios de sua eternização na história, elas, na verdade, vão se desgastando com o passar do tempo. A história que passa é a história que modifica as construções humanas, tornando-as obsoletas por razões econômicas, políticas ou culturais. É quando deixam de responder com a devida agilidade, coerência e eficiência ao que uma geração adota como valor e meta de vida comum. Uma instituição é, nesse sentido, o retrato – fixo como todo retrato – do que os grupos consideraram como bom e necessário à convivência social em uma determinada época e em torno de certos valores que edificaram suas organizações.

As instituições entram em falência de seus órgãos e de seus objetivos quando mudam as conjunturas históricas com seus sujeitos, valores e interesses. O que era pacto do passado não responde mais às necessidades do presente. Nessa hora, as instituições são impelidas à renovação para que possam sobreviver. Os momentos de crise são especiais nesse processo. Uma crise é sempre uma ruptura com aquilo que estava posto como regular, coerente e eficiente e, portanto, como desejável e bom para o conjunto de uma população; é o intervalo entre o passado que não oferece mais respostas e o futuro que ainda não chegou. Nesse intervalo doloroso e inseguro, a renovação e a conservação emergem como promessas antagônicas.

O retorno ao passado, com suas instituições, se apresenta como a solução mais segura, mediante o risco e o medo da dissolução completa ou do caos final. A promessa de futuro costuma ser sedutora, mas, para muitos, arriscada, por se tratar de um novo ainda não experimentado e testado.

As instituições estão situadas nessa dinâmica histórica de preservação e mudança. É nesse jogo sempre tenso e incerto que se adaptam e se renovam. Quando a dinâmica de renovação se apresenta como caminho mais viável (acreditado e apostado como melhor), algumas posturas podem configurar-se: (a) *a assimilação:* quando as molduras fixas da instituição antiga assimilam em sua estrutura e dinâmica de sempre os discursos, os ideais de mudança, simulando uma transformação que, de fato, não aconteceu; (b) *a adaptação:* as propostas de reforma são adaptadas em partes ou em aspectos da instituição: em uma lei, em um mecanismo de participação ou em determinado padrão estético ou ritual, sempre incorporando novos sujeitos políticos; (c) *a reforma:* quando os ideais são assumidos em mudanças efetivas nas estruturas, nas dinâmicas e nos papéis que compõem a instituição.

4. A conservação e a mudança

A conservação costuma ser preferível às mudanças. O provérbio popular "em time que está ganhando não se mexe" expressa essa consciência estável que prefere preservar a mudar. Os indivíduos e os grupos sociais se apegam às certezas e seguranças do que já está construído e encaram o novo como incerteza e desconforto pelo que traz de exigência para as imagens consolidadas nas representações e para as práticas rotineiras. As reformas exigem conversão, mudanças de valores e de postura.

Como já foi dito, as instituições são construídas para preservar o que foi assumido de alguma forma – na força da coerção ou do consenso – como viável e seguro em um passado distante ou recente. São as herdeiras seguras da estabilidade que deve ser conservada. Essa postura conta com reforços ideológicos positivos e negativos. Os positivos oferecem explicações fundantes para as construções históricas; transformam o que foi construído em algo que sempre existiu (naturalização) ou em algo revelado por uma divindade (sobrenaturalização). Os negativos apostam na ameaça e no medo, quando apresentam o novo como perigo de aniquilamento do grupo, como tradição aos valores e costumes, como inimigo letal a ser evitado, vencido e eliminado. As estratégias da conspiração e dos bodes expiatórios emergem nesse momento como saídas. A construção dos inimigos é o primeiro passo (o novo carrega escondido em sua proposta a destruição fatal e deve ser evitado e odiado). O passo seguinte é sua eliminação por mecanismos simbólicos, políticos, legais ou, até mesmo, físicos.

A mudança é sempre uma construção lenta; não costuma acontecer da noite para o dia, a não ser na conjuntura de grandes rupturas, como no caso de uma grande guerra. De fato, uma ruptura rápida e drástica exige soluções imediatas para que se retome o curso regular da vida. A Segunda Grande Guerra é emblemática no sentido da reestruturação geográfica e política do planeta em um tempo curto e de modo eficiente. No mais, a rotina histórica preserva o que está instituído e cria inércias sociais, políticas e culturais que rejeitam as reformas como desnecessárias e como risco. Em tempos normais, os projetos reformadores são raros ou não passam de retóricas dos representantes de ideologias revolucionárias. As crises, como já foi mencionado, constituem por si mesmas tempos propícios à construção, à oferta e à recepção de projetos reformadores. É de dentro das crises que emergem os líderes revolucionários com os seus ideais e projetos de mudança. O sociólogo Max Weber denominou esse tipo de liderança de "carismática" e a vinculou a três sentimentos coletivos: a indigência, o entusiasmo e a esperança. De fato, toda situação de indigência gera imediatamente entusiasmos – negativos ou positivos, desagregadores ou agregadores – que desembocam na esperança, como último recurso de autopreservação, mais vantajoso do que o desespero que fecha todos os horizontes.

A esperança agrega e legitima os projetos de reforma como necessários e inadiáveis. Pela esperança, o novo agrega e vai tomando forma, quase sempre sob a condução de líderes que oferecem as soluções encarnadas em sua própria personalidade: possuidora de dons excepcionais, explicaria Weber. É quando o risco e o medo cedem lugar ao entusiasmo, que adota o novo com suas soluções prometidas.

Com efeito, as instituições religiosas carregam o germe da renovação por dentro de suas tradições e estruturas institucionalizadas. Ao menos as tradições que podem ser definidas como históricas, diferentemente daquelas religiões arcaicas que se perdem na temporalidade e se identificam, em muitos casos, com a natureza, se apresentam como portadoras de um carisma fundacional – carisma *in statu nascendi* – ligado a um fundador, oferecido como dom por meio de um sistema doutrinal e ritual e estipulado em um cânon oral ou escrito. É precisamente da afirmação da fonte original de onde tudo deverá brotar permanentemente que subsiste o germe da renovação. Em nome da fidelidade às fontes, as tradições religiosas conhecem ciclos e movimentos renovadores em suas histórias.

5. Os obstáculos às mudanças

O epistemólogo francês Gaston Bachelard explicou a marcha histórica das ciências como superação de obstáculos. Uma explicação científica toma seu lugar como verdadeira no seio de uma comunidade científica e de uma sociedade à medida que é capaz de superar os obstáculos colocados pelo senso comum, pelas tradições e pelas próprias ciências instituídas como verdadeiras e, portanto, consensuais. A noção de ruptura epistemológica significa a superação dos obstáculos. O pensador está dizendo com isso que as mudanças científicas não são nem lineares nem harmônicas. Essa percepção pode ser aplicada a outras esferas da vida humana e da cultura. Toda mudança implica necessariamente a superação de obstáculos. Os projetos que se apresentam como neutros ou como pacificadores das divergências conservam e não mudam, ainda que, em muitos casos, se mostrem como grande novidade. Os governos de ultradireita oferecem suas propostas como renovações urgentes. No campo religioso, o novo tem suas facilidades, enquanto ofertas que trazem consigo a promessa de solução de todos os problemas da vida. E, para tanto, costuma recuar aos textos fundantes de suas crenças e deles extrair elementos entusiastas que, muitas vezes, mais preservam que renovam. No caso da Igreja Católica, após a institucionalização do propósito de *aggiornamento* de João XXIII pelo Vaticano II, muitos discursos se apresentaram como grande renovamento: tendências pentecostais com traços fundamentalistas se mostraram como uma renovação carismática católica, projetos revisores das renovações conciliares foram denominados "nova evangelização".

Os obstáculos ao renovamento podem advir, de modo esquemático, de três dimensões da vida social: a cultural, a política e a estrutural. O sociólogo espanhol Manuel Castells oferece essas três categorias para pensar os processos de mudança. Onde estariam os obstáculos culturais, políticos e estruturais?

A esfera da cultura é aquela das ideias, dos significados e dos valores comuns de uma sociedade ou mesmo da sociedade global. Aí é comunicado e afirmado aquilo que o grupo acredita ser verdadeiro, bom e belo. Os significados instituídos nas artes, nas ciências, nas tradições e nos costumes expressam e transmitem o universo da cultura. As mudanças se deparam com essa primeira camada de valores estabelecidos como comuns e agregadores dos grupos humanos. O que normalmente se denomina "mentalidade" designa a mente comum, o jeito coletivo de ver, pensar e valorizar de determinado grupo e, por conseguinte, de indivíduos. A vida social é a primeira esfera onde se mantêm e se reproduzem os consensos estabelecidos de modo geral. A cultura é repassada através da linguagem, das tradições, dos costumes e dos hábitos. Trata-se do modo de viver que identifica as famílias, as comunidades, a sociedade e, em certa medida, até mesmo a humanidade. A educação informal ou escolar reproduz igualmente a cultura comum e hegemônica, na medida em que transmite aquilo que se institui como valor – teórico ou moral – a ser ensinado. De forma ainda mais eficiente o fazem os meios de comunicação e, em nossos dias, sobretudo as redes sociais. Nessa esfera se encontra aquilo que é mais consolidado nos grupos humanos e que resiste às mudanças de uma forma bastante eficiente, por se tratar do que se acredita ser verdadeiro e bom.

A esfera da cultura resiste às mudanças de forma espontânea ou consciente. O que os grupos interiorizam e vivem como valor tende a rejeitar o novo como ruptura, que desestabiliza e cria vazios, e, quase sempre, como imoralidade. No caso das religiões, como traição aos princípios da fé ou como heresia. A cultura consolida as mentalidades individuais/coletivas e forma os pressupostos a partir dos quais enxerga, interpreta e reage perante os discursos e as práticas oferecidos como novos. O filósofo Gadamer explicou com precisão essa dinâmica interpretativa. Ninguém é tábula rasa em nenhuma situação em que vai receber uma determinada informação. Todo texto é recebido a partir de uma pré-noção que cada indivíduo ou grupo já possui. A cultura oferece o universo mais amplo, profundo e consolidado dos pressupostos (na forma de preconceito, no sentido neutro ou negativo) que são acionados na hora de se receber qualquer discurso, de modo particular um discurso novo que pode exigir esforço de interpretação ou ruptura de mentalidade.

Nesse âmbito estão presentes os conflitos de interpretação ou as chamadas guerras de narrativas. Quem vencer a guerra por meio de argumentos racionais ou emocionais impõe sua narrativa como verdadeira e obtém adesão, ainda que a narrativa não seja verdadeira. O poder da palavra e o valor da verdade se inscrevem nessa dinâmica de superação daquilo que está estabelecido como verdade-costume. As mudanças precisam germinar novos valores e novas perspectivas antes de buscar os meios políticos de concretização.

A esfera do político diz respeito aos sujeitos que ocupam lugares sociais influentes ou espaços no poder. Os sujeitos não somente representam e reproduzem determinadas mentalidades como também detêm os meios de convencer e de controlar de alguma forma os processos de mudança. Se a cultura constitui um obstáculo espontâneo às mudanças, os sujeitos políticos lançam mão de discursos públicos de resistência ao novo e de mecanismos que estão a sua disposição com a finalidade de preservar a ordem instituída. Em muitos casos, basta aos sujeitos executar aquilo que o exercício de seu poder permite para que a rotina das decisões seja mantida como regularidade que preserva por si mesma. Os papéis instituídos em todas as organizações visam, evidentemente, manter as instituições sem modificações. É somente quando determinados sujeitos investidos de ideais, ímpetos e estratégias renovadoras decidem aderir a projetos de renovação que se pode perceber possibilidades de renovação, porém, ainda no nível da voluntariedade, da opção pessoal desvinculada da função preservadora que exerce. A mudança efetiva e geral dos sujeitos políticos em uma instituição ocorre, a rigor, por foça externa, por pleitos ou por revoluções, quando, então, novos atores ocupam os lugares dos antigos.

O sociólogo Pierre Bourdieu analisou as instituições religiosas a partir de duas tipologias – o sacerdote e o profeta – que se posicionam sempre em posições antagônicas, respectivamente de preservação e de renovação. No caso, as instituições carregariam em seu seio o germe permanente da luta pela verdade mais pura sobre o grupo. Essa luta permanente entre conservadores, que existem para defender a preservação e a estabilidade da instituição, e renovadores, que procuram por adesões em torno de um projeto transformador, busca sua força e significado nas fontes mais originais do grupo, de onde emanam a verdade e a bondade mais pura.

Chega-se aqui à esfera institucional. Esta se trata do maior obstáculo à renovação, uma vez que está estruturada em bases e mecanismos de preservação instituídos na forma de leis, de hierarquias e de papéis, assim como de mecanismos de controle a tudo que for estranho a seu corpo. Nos processos de mudança, constitui sempre a última esfera a ser transformada, quando os consensos culturais mínimos já foram construídos e a adesão de sujeitos constitui uma maioria suficientemente expressiva e com força para recriar e, até mesmo, desfazer as velhas estruturas. Sem as mudanças, a institucional permanece intacta ou, no máximo, assimila se for politicamente necessário para se preservar legítima perante a opinião da maioria, elementos superficiais que não exigem efetiva transformação de seu corpo sempre estruturado e rígido.

Nenhuma reforma real e efetiva começa pelo institucional-legal. Quando isso acontece, pode incorrer no risco de uma mudança legal que não conta com a adesão efetiva do grupo e dos sujeitos. Quantas mudanças na lei não geram nem convicção nem adesão por parte dos indivíduos e das coletividades que compõem determinadas comunidades. No caso, textos legislativos ou estruturas completamente novas podem até funcionar por sua força legal e pelos mecanismos que forçam a adesão, mas não geram coesão, de forma que o novo perde seu vigor ou, no limite, as antigas estruturas voltam com seus velhos padrões.

II

A sinodalidade
e o papa reformador

Não é necessário demonstrar que o Papa Francisco tem capitaneado um processo de reforma na Igreja que já dura quase dez anos. Desde que apareceu na janela do palácio apostólico e fez seu primeiro gesto como papa, pedindo ao povo que rezasse por ele, antes de pronunciar a esperada primeira bênção, se mostrou como personagem renovador. A inversão no costumeiro ritual da histórica bênção indicava com grande força simbólica o que estaria por vir em termos de projeto de pontificado. O novo papa surgia entre os católicos com um perfil e com projetos que causariam abalos sísmicos nos territórios conservadores da Cúria Romana e das cúrias e paróquias pelo mundo afora. O termo "bispo de Roma" foi adotado como título frequente. O nome inédito Francisco estava ligado aos pobres. O novo papa nascia pensando não somente na crise da Igreja, mas nos pobres e nos irmãos do planeta. Postura profética que visa renovar a Igreja, a sociedade e o planeta. O grupo de cardeais que deveria auxiliar no governo da Igreja foi instituído na mesma semana da eleição. Os gestos simples iam rompendo com a ideia consolidada de um personagem sagrado e distante do povo. A cruz peitoral era de metal comum e não de ouro. Os sapatos eram pretos e surrados, e não os sofisticados vermelhos. Mas um gesto rompia de modo inédito com a rotina papal: residir na Casa Santa Marta e não no pomposo e recluso palácio apostólico. Além disso, os discursos surpreendiam a cada dia, por sua transparência, e revelavam, em coerência com os gestos, que se tratava da realização de uma promessa esperada: um papa que fosse capaz de enfrentar a grande crise pela qual passava a Igreja Católica. Os anos seguintes foram mostrando, passo a passo, os propósitos e os métodos de Francisco.

1. Os obstáculos às reformas

As reformas da Igreja deparam-se com obstáculos, em que se choca o que está estabelecido com o que se apresenta como renovação necessária. Toda reforma se conclui efetivamente quando chega nas estruturas que cristalizam e sustentam os hábitos. Sem essa reforma, as coisas se reduzem ao funcional e ao formal e terminam retornando às seguranças estruturais que, no caso católico, coincidem com as normas canônicas, com os papéis hierárquicos, com os fluxos regulares e com a manutenção dos serviços sacramentais. Os obstáculos à concretização da sinodalidade se encontram na própria instituição e cultura católica, assim como na resistência de muitos sujeitos que atuam de modo oficial em suas instâncias decisórias.

1.1 O paradoxo do papa reformador

Um papa reformador constitui um paradoxo por tratar-se de uma liderança tradicional integrada em uma instituição que está destinado a manter. A missão do papado, desde a sua origem, é dar continuidade a uma sequência linear que liga o hoje (a Igreja atual) às suas origens (a missão petrina delegada por Jesus). Essa ligação, realizada pela sucessão apostólica, acontece em uma comunidade visível, estruturada em uma instituição feita de doutrinas, normas e funções estabelecidas como teologicamente fundamentadas no próprio mistério de Cristo e na constituição do ministério apostólico. Essa visão linear e monista pode ser interpretada de modos diferentes, embora mantenha uma estabilidade teológica que tende a preservar e não a modificar-se. Um papa reformador não nega nem rompe com esse monismo teológico, mas situa-se no lugar tênue e desafiante de reformar a partir de dentro, de mudar preservando o que se crê como decorrência imediata e lógica da revelação divina.

Em termos sociológicos, coloca-se no mesmo personagem as funções de preservar e de renovar. É o sacerdote que se arroga em ser profeta, na perspectiva analítica de Bourdieu. Trata-se de uma postura e de um perfil de liderança que se apresentam como uma exceção no *éthos* e na história católica, como também o seria em todo governo instituído. De fato, somente de tempos em tempos é que se pode perceber a emergência desses personagens. Como já foi dito, as conjunturas de crise costumam criar condições de possibilidade para o aparecimento e a construção desse perfil reformador, tendo em vista a falência política ou moral dos regimes em questão. Nesses casos, os sujeitos internos às instituições em crise entram em falência política juntamente com elas, ou seja, perdem a legitimidade para geri-las e retirá-las da crise. É quando o novo líder costuma sair de fora da gestão central, das periferias do poder instituído, como portador de um carisma renovador e redentor da crise. Os discursos oficiais e as autoridades oficiais cedem suas legitimidades tradicionais a uma nova legitimidade de um *outsider* portador de energias renovadoras e de autoridade moral para a missão. A imagem do "papa do fim do mundo" expressa com precisão esse dado histórico-social. Vale lembrar que o grande reformador Gregório VII também não saiu da Cúria Romana ou de seu epicentro político, mas de um mosteiro distante. O idoso Angelo Roncalli vinha de um percurso de atuação nas periferias da Igreja, primeiro no Oriente ortodoxo e mulçumano e, depois, na França destroçada do pós-guerra. Na verdade, as instituições tendem a desgastar-se na longa temporalidade e terminam rendendo-se a um líder novo, de fora de seus quadros oficiais.

O paradoxo do líder reformador é planejar e agir dentro da instituição estruturada com as leis de sempre, dirigida por sujeitos ali instalados em seus escalões e vivenciada com uma cultura estável. Tudo está direcionado para a preservação, e o novo líder depara-se inevitavelmente com esse primeiro obstáculo para proceder às reformas desejadas.

1.2 Os obstáculos do centro

Por essa razão, a estratégia do reformador terá que ser a de tomar distância das estruturas e, até mesmo, dos sujeitos que fazem a manutenção da máquina burocrática. A estratégia de afastamento e substituição de todos os membros, ao menos dos primeiros escalões, costuma ser a prática das trocas de governos ou de direções empresariais. No caso da Igreja Católica, a transição tende a ser mais pacífica ou, ao menos, gradativa e lenta, o que adquiriu uma dinâmica própria no *modus operandi* do jesuíta orientado pelo discernimento inaciano.

O primeiro obstáculo da instituição eclesiástica curial foi considerado por Francisco logo de início. Retirou-se do histórico palácio apostólico, lugar simbólico e político do poder pontifical monárquico, ninho dos poderes eclesiásticos concentrados na Cúria e, vale mencionar, local dos escândalos da corrupção eclesiástica: encenada no caso do roubo de documentos oficiais pelo mordomo de Bento XVI. A negação do novo papa de residir nesse espaço não era uma opção politicamente neutra.

Mas a distância da Cúria, que permanecia funcionando com suas estruturas, regras e sujeitos, foi sendo visualizada sem a manutenção das aparências institucionais. A transparência e a franqueza de Francisco expunham a público os problemas da Cúria e suas rejeições às reformas. De imediato, rompeu com o paradigma da consagração teológica da instituição e com a etiqueta administrativa da defesa da organização. Reconheceu os erros da Igreja como vergonha, admitiu publicamente os *lobbies* políticos dentro da Cúria Romana, criticou os carreirismos nos escalões eclesiásticos, determinou a publicação dos relatórios financeiros do Banco Vaticano e tomou medidas de reforma radical em relação ao mesmo.

No Discurso de Natal de 2014, expôs aos membros da Cúria o que entendia ser os pecados da instituição e de seus membros. Em chave espiritual bastante adequada ao contexto, recordou a missão eclesial e não burocrática da Cúria e falou em doenças a serem superadas. As 15 doenças elencadas diziam respeito às seguintes dimensões: (a) *ao caráter individual* (1 = Vaidade, narcisismo, complexo dos eleitos; 8 = esquizofrenia existencial; 12 = mau humor); (b) *às relações grupais* (7 = rivalidade e vanglória; 9 = murmurações e fofocas; 11 = indiferença para com os outros; 14 = os círculos fechados); (c) *à vida espiritual* (2 = o ativismo; 3 = a insensibilidade; 6 = esquecimento da vida espiritual); (d) *à vida material* (13 = acúmulo de riquezas), *ao poder* (10 = divinização dos líderes; 15 = busca de poder e exibicionismo); (e) *ao trabalho* (4 = planificação excessiva; 5 = má coordenação).

O elenco foi inédito, cuidadoso e corajoso, típico de líderes que não se deixam assimilar pelas estruturas burocráticas. Não parece ter faltado nenhum vício a ser mencionado, entre os que costumam acompanhar as burocracias e as carreiras. Sem dúvida, no discurso/sermão o papa fazia um diagnóstico da administração central da Igreja e convidava à mudança de comportamento no contexto natalino. O líder estava de fora e acima na burocracia central.

No ano de 2016, já com a reforma curial em andamento, ele apresenta aos mesmos membros uma tipologia das resistências que, até então, vinha encontrando:

> [...] as *resistências abertas*, que nascem muitas vezes da boa vontade e do diálogo sincero; as *resistências ocultas*, que nascem dos corações assustados ou empedernidos que se alimentam das palavras vazias da hipocrisia espiritual de quem, com a boca, se diz pronto à mudança, mas quer que tudo permaneça como antes; há também as *resistências malévolas*, que germinam em mentes tortuosas e aparecem quando o diabo inspira más intenções (muitas vezes disfarçadas sob pele de cordeiros) (Francisco, *Discursos*, 22 de dezembro de 2016).

Os três tipos de resistência detectados no âmbito curial continuam operando na Igreja como um todo e serão intensificados à medida que o processo sinodal avançar. Os obstáculos da Cúria Romana às reformas foram sendo enfrentados com discernimento/estratégia por Francisco. Os passos seguiam lentos e atingiam a construção de uma nova cultura, a recolocação dos sujeitos e, por fim, a apresentação de uma nova normativa para a instituição no ano de 2022, com a Constituição *Praedicate evangelium*. A Cúria continuará existindo, porém, não será mais a mesma, de modo particular nas visões autocentrada e carreirista que lhe sustentaram por séculos. O papa deve apropriar-se dessa máquina e colocá-la a serviço da Igreja, não se deixando assimilar por seus membros carreiristas ciosos de poder.

1.3 Os obstáculos no conjunto da Igreja

Se a Cúria significava um primeiro obstáculo às reformas e hoje se encontra mais alinhada ao propósito franciscano, restam ainda os obstáculos instalados no conjunto da Igreja. Uma cultura eclesiocêntrica – da Igreja autocentrada – ainda se encontra viva e operante. Ela tem suas raízes na estrutura eclesial clerical, dualizada entre hierarquia e povo, entre sagrados e profanos, mas sobrevive como mentalidade espalhada na visão de muitos clérigos e leigos no conjunto da Igreja, contando com reforços da cultura midiática, da visão mágica pentecostal e dos grupos tradicionalistas.

A Igreja está longe de constituir uma unidade cultural e política em torno do projeto reformador de Francisco. Ao contrário, tem revelado antes de tudo uma adesão formal aos ensinamentos, o que se mostra muito distante de uma recepção ativa tanto do magistério como das posturas proféticas do papa. Há que sinalizar o crescimento e a crescente naturalização de grupos tradicionalistas que se posicionam em franca oposição a Francisco, declarando, inclusive, fidelidade a Bento XVI (agora tão somente cardeal). O tradicionalismo conta com adeptos instalados na rotina eclesial, bispos, padres e leigos. Essa tendência reproduz, ainda que com diferentes formatos e intensidades, um jeito de pensar e viver a Igreja que dispensa os processos de descentralização e a busca de uma Igreja participativa que supere a centralidade clerical. O princípio da permanência das estruturas, das linguagens e dos métodos, em nome de uma convicção eclesiológica clara ou de uma inércia pastoral, tem mais força que a renovação. O processo sinodal tem muitos adeptos formais (a maioria dos católicos), mas conta com uma maioria de católicos bons e indiferentes às mudanças reais na Igreja. Tanto quanto na cultura individualista e consumista, vale a regra de que receber é melhor que doar e que o bem-estar é a regra básica das relações. A sinodalidade exigirá uma conversão de postura e de mentalidade eclesial.

2. A sinodalidade como ponto de inflexão

A afirmação do princípio e da prática sinodal como inerente à vida da Igreja conduz as reformas a um ponto de inflexão, já que falar em conclusão seria contraditório com a própria verdade da *ecclesia semper reformanda*. Com a meta da sinodalidade, as reformas chegam ao mesmo tempo no coração e na estrutura da Igreja, exigindo mudança de postura na cultura eclesial, nos sujeitos que atuam diretamente na estrutura, nas dinâmicas de funcionamento e na própria estrutura. No projeto de pontificado, Francisco já havia projetado uma reforma: nos objetivos, nas estruturas, no estilo e nos métodos evangelizadores (EG, 33), e asseverava que "mais que o temor de falhar" deveria ser o temor de permanecer encerrados "nas estruturas que nos dão uma falsa proteção, nas normas que nos transformam em juízes implacáveis, nos hábitos em que nos sentimos tranquilos" (EG, 49).

2.1 Os obstáculos superados

As reformas da Igreja caminharam em doses homeopáticas e não tanto por terapias de choque. A estratégia de cirurgias pontuais foi adotada em várias questões como a da nulidade matrimonial, do método dos sínodos, dos ministérios de leitor e do catequista. A rotina reformadora não deixou de esconder a novidade de muitas reformas tópicas e, sobretudo, a mudança de mentalidade e de clima na Igreja.

Um balanço de fundo da mudança cultural já efetivada pelas reformas, de maneira espontânea, pode detectar algumas ideias-forças. A primeira delas diz respeito ao próprio significado impresso por Francisco em seus ensinamentos. Não será necessário insistir que, após o Vaticano II, duas leituras cada vez mais polarizadas sobre o significado do *aggiornamento* se instalaram na Igreja com seus respectivos projetos e sujeitos. A leitura conservadora inscrevia as reformas conciliares na linha da continuidade e diminuía os seus impactos no pensamento e na práxis eclesiais. A leitura renovadora acolhia o *aggiornamento* como uma era de renovação permanente a ser levada adiante em cada realidade local. A primeira postura calcava-se em uma compreensão eclesiológica centralizadora, na qual a universalidade da Igreja era entendida como distensão de um centro que coincidia com o papado; desse centro emanava o universal, que se efetivava em cada Igreja local. A segunda afirmava o universal como realidade comum que incluía, de modo indiviso, o universal e o particular, de forma que o universal se concretizava nas particularidades e não em uma ideia anterior e superior às Igrejas locais. Nesse mesmo diapasão, passou-se a afirmar que, na Igreja Católica, subsistia a Igreja de Cristo de modo redutivo, ou seja, como sendo a autêntica Igreja de Cristo, tendo as demais apenas uma participação. O conflito entre renovação e preservação se impôs como conflito não somente entre as teologias que eram elaboradas como também entre metodologias distintas, entre o centro e a periferia da Igreja. O autêntico pensamento e a autêntica práxis eclesiais tornaram-se cada vez mais sinônimos de um modelo centralizado no magistério papal e nas determinações curiais: uma teologia feita por um método e por um sujeito oficial. Nesse centralismo, toda renovação se apresentava como suspeita e perigosa, ainda que no espírito e na letra do Vaticano II.

O Papa Francisco emergiu não somente como aquele personagem politicamente legítimo para encetar uma reforma da Igreja, talvez uma reforma disciplinar dos desvios da Cúria, de prelados e de clérigos. O "papa do fim do mundo" também trouxe consigo a tradição da periferia e, com ela, revigorou o magistério papal e, por conseguinte, a consciência da natureza e da missão da Igreja. A Exortação *Evangelii gaudium* acordou o vulcão adormecido do Vaticano II e espalhou novamente suas lavas férteis. Para os que esperavam nada mais que uma reforma moral e disciplinar da Igreja, a exortação programática deu o novo tom do pontificado e publicou uma chamada geral para colocar a *Igreja em saída*.

Observando as reformas sob um ponto de vista retrospectivo, pode-se perceber com relativa clareza algumas mudanças eclesiais, bem como mudanças culturais nos campos das ideias, dos valores e das práticas:

1) Como pedagogia processual que se mostrou: (a) como passagem do simbólico ao verbal: as reformas partiram da dimensão gestual, simbólica e testemunhal do novo papa e foram adquirindo formas verbalizadas nos sucessivos pronunciamentos e textos oficiais; (b) como avanço do eclesial/eclesiológico ao social: a questão da família, do planeta, visto como sistema ecologicamente integrado e como regime político globalizado; (c) como expansão do eclesial para o inter-religioso, de modo particular no diálogo com o mundo islâmico.

2) Como método de discernimento que parte da realidade concreta: das condições atuais da família, da situação ecológica do planeta, do regime econômico mundial, da convivência política entre as nações, da situação dos pobres etc. A postura indutiva possui um duplo significado inseparável: espiritual, que afirma a experiência do Cristo encarnado em cada irmão, de modo especial nos pobres, e histórico-social, que parte do diagnóstico das realidades concretas.

3) Como revisão da compreensão de tradição e de doutrina: sistemas vivos e não coágulos isolados e congelados. O depósito da fé articula-se com o depósito da vida, e o Espírito conduz a Igreja nessa articulação necessária. O passado é transmitido no presente de maneira sempre renovada. E o próprio ensino papal se apresenta como convite à participação, como chamado a uma construção coletiva para os diversos sujeitos eclesiais.

4) Como síntese dos ensinamentos do magistério universal com o magistério latino-americano, compondo uma robusta síntese: (a) entre as dimensões eclesiais universal e local, com a categoria povo de Deus; (b) entre a Doutrina Social da Igreja e a Teologia da Libertação, a partir da opção pelos pobres; (c) entre o espiritual e o social, mediante a Teologia da encarnação; (d) entre o normativo e a realidade, mediante a pedagogia da inclusão e o discernimento moral; (e) entre a tradição e a renovação, aspectos do mesmo ato de levar adiante o querigma do Cristo vivo na história; (f) entre o global e o local, a partir do paradigma ecológico e da multilateralidade; (g) entre o espiritual e o social, na conjugação dos métodos dos sinais dos tempos, ver-jugar-agir e discernimento espiritual inaciano.

O magistério do Papa Francisco lançou os germes, as bases e os métodos para uma renovação do pensamento e da prática da Igreja, ainda que ainda não tenham sido traduzidos como costume e como normas na vida eclesial. E não se trata de um ensinamento de cunho canônico normativo, mas de um convite feito a toda a Igreja. Um novo clima e uma nova dinâmica estão postos em marcha. Competirá aos diversos sujeitos eclesiais recepcionar, aprofundar e colocar em prática essas novas possibilidades.

2.2 A potencialidade transformadora da sinodalidade

Se até o momento as reformas tocaram, de modo direto ou indireto, no funcionamento da comunidade eclesial no seu todo e nas partes, deixando muitas vezes a possibilidade de perpetuação do regime antigo, hierarquicamente estruturado, não obstante a reforma das ideias, com a sinodalidade abre-se uma nova e radical chance de conclusão dos projetos de reforma. A sinodalidade é o caminho eclesial que busca e constrói os meios de concretização da comunhão por meio da participação, superando percepções de comunhão identificadas com submissão. Uma Igreja sinodal terá que romper com esquemas consolidados de exercício dos ministérios, marcadamente concentrados na função do clero e reproduzidos como poder hierárquico descendente.

Como visto anteriormente, a reforma franciscana tocou forte e profundamente na cultura eclesial e resgatou de modo concreto o espírito do *aggiornamento* conciliar. O discernimento dos sinais dos tempos foi levado até o limite da consciência histórica de um sujeito eclesial de nossos dias, bem como das possibilidades políticas de um papa. Francisco renovou com audácia o pensamento eclesial, seguindo a postura conciliar que lançou a Igreja na direção das fontes e da realidade presente, a tradição latino-americana que assume as contradições da realidade como ponto de partida da reflexão e o seu modo argentino e jesuítico de pensar e agir.

O princípio teológico da comunhão e participação na unidade e na diversidade, o método de ação colegiada em todos os níveis eclesiais e a meta da comunhão por meio de mecanismos participativos compõem a natureza da sinodalidade. O alcance dessa verdade espiritual, eclesial e política provoca e cobra reformas culturais, políticas e estruturais na Igreja. Uma Igreja sinodal deve, finalmente, renovar as estruturas, os estilos, os métodos e as linguagens da comunidade eclesial em todos os seus níveis e dimensões, como havia projetado Francisco em sua exortação programática (EG, 33 e 49).

A estrutura consolidada da Igreja permanece a mesma herdada de uma longa temporalidade e será submetida ao discernimento sinodal em vários de seus aspectos. A participação eclesial dos diversos sujeitos eclesiais toca inevitavelmente na discussão sobre o exercício dos ministérios: não somente com relação às funções, mas no que diz respeito aos próprios modelos por demais concentrados. O resultado dependerá da disposição à mudança da parte dos padres sinodais e, na fase posterior, da recepção criativa e ativa dos diversos sujeitos eclesiais. A conservação é mais segura e costuma operar com seus mecanismos de adaptação do novo ou, no limite, de rejeição, sempre em nome de um risco de dissolução da vida ou da tradição.

No Sínodo da Amazônia não faltaram acusações de heresia e avisos sobre os riscos das mudanças, ainda que apenas disciplinares, como no caso do ministério presbiteral aos homens casados. O próprio papa já antecipou os riscos de uma rejeição à vida sinodal e de deturpação do sínodo, em seu discurso de 9 de outubro de

2021, na abertura do processo sinodal. Ele mencionou três riscos: (a) o *formalismo*, que transforma o sínodo em um evento extraordinário e de fachada. A sinodalidade não é uma bela forma, mas é substância, instrumentos e estruturas que favorecem o diálogo e a interação do povo de Deus, sobretudo entre os clérigos e os leigos; (b) o *intelectualismo*, que transforma as questões em abstração e o sínodo, em um grupo de estudos, evitando a realidade concreta das comunidades eclesiais; (c) o *imobilismo*, que prefere aquilo que "foi sempre assim" à mudança, e termina por adotar soluções velhas para questões novas.

Em seguida, indica três oportunidades: (a) a Igreja sinodal: uma mudança estrutural, que faça da Igreja um lugar aberto a todos e uma comunidade participativa; (b) a Igreja da escuta: escutar Deus na oração, escutar as ansiedades e crises de fé do povo, as urgências de renovação pastoral, as realidades locais; (c) a Igreja da proximidade: "uma Igreja que não se alheie da vida, mas cuide das fragilidades e pobrezas do nosso tempo, curando as feridas e sarando os corações dilacerados com o bálsamo de Deus".

As observações do papa não reproduzem somente a eclesiologia conciliar, mas retiram dessa percepção as consequências funcionais e estruturais para a vida da Igreja. Emerge no ideal eclesial um novo escopo de Igreja que convida à conversão e à criatividade. A chamada à sinodalidade exige superação da resignação ao que sempre foi assim. O risco de uma falsa comunhão, que, em nome de uma paz eclesial, esconde os poderes religiosos concentrados nos *status* clericais, está presente no processo sinodal.

O reposicionamento da Igreja perante a sociedade, perante Jesus Cristo e seu Reino e perante a si mesma, operado pela eclesiologia conciliar, chega agora em um momento de aprofundamento e de concretização cruciais dentro da realidade atual. O que o concílio lançou como base, impulso e direção para a Igreja poderá reavivar-se e atualizar-se, tirando as consequências da comunhão dos iguais e diferentes no mesmo corpo místico de Cristo, da participação do povo de Deus feita na igualdade de batizados, da missão sacerdotal, profética e régia de todos os fiéis, da função servidora de todos os ministérios eclesiais, sem dicotomias entre clérigos e leigos.

O *aggiornamento* conciliar avança na força do Espírito que renova a Igreja em cada tempo e lugar.

OBSTÁCULOS CULTURAIS

III

O eclesiocentrismo

No recinto das congregações que preparavam o conclave, a Igreja autorreferenciada foi localizada pelo Cardeal Jorge Mario Bergoglio como a causa das crises experimentadas pela Igreja. Era uma chave analítica elucidativa naquele contexto de perplexidade e de "trauma" pela renúncia inédita e abrupta do Papa Bento XVI. Ao que tudo indica, foi recepcionada positivamente pelos cardeais, ansiosos que estavam por compreender a conjuntura presente e, sobretudo, por iniciar um ciclo de superação da grave crise. A fala sucinta do cardeal argentino não explicava o conteúdo do conceito e menos ainda seu potencial hermenêutico, o que assumiria contornos nítidos após a sua eleição. De fato, tratava-se de uma categoria interpretativa da Igreja em crise que colocava em questão modelos eclesiais em pleno uso, nos termos da consciência eclesial, das teorias da Igreja, das concepções de ministério e de práxis pastoral e administrativa.

Afirmar que a raiz dos problemas da Igreja – no caso, a pedofilia e a corrupção – residia na autorreferencialidade era, ao mesmo tempo, fazer um diagnóstico (a constatação de uma Igreja voltada para si mesma) e apresentar a necessidade de superação de uma consciência e de uma prática eclesial estabelecidas. Estava em jogo a busca de outra concepção e de outra prática eclesial. Como toda autorreferencialidade, a eclesial significa colocar-se como centro (eclesiocentrismo) e dispensar o que está fora como de menor valor, como inferior e, no limite, como desnecessário e perigoso. O pontificado de Francisco não tem sido outra coisa além disso: a busca de reformas que superem a autorrenferencialidade da Igreja em todos os aspectos, o que se resume bem na proposição motora "Igreja em saída".

O processo da reforma, como já mencionado, colocou em marcha um projeto de renovação que abrange as dimensões cultural, política e estrutural em uma sequência não simples, mas que parece atingir seu ponto culminante em uma reforma estrutural. A eclesiologia conciliar já havia ensinado que a Igreja não está no centro do cristianismo nem do catolicismo; ao contrário, refere-se sempre às suas fontes (o Evangelho) e direciona-se para o serviço da humanidade.

1. Os significados da autorreferencialidade

A saga da espécie humana na história é marcada pela busca de compreensão, de fundamentação e de institucionalização do que seja capaz de garantir ao mesmo tempo o exercício da diversidade e da igualdade. A história das civilizações não parece ser outra senão a da busca dos meios políticos que protejam as diversidades (individuais e grupais) e garantam a igualdade (os consensos éticos e políticos). A tensão entre esses polos marcou a vida coletiva e buscou os meios de solução nas instituições políticas. Trata-se, na verdade, de duas dimensões inerentes ao ser humano inseparavelmente individual e social, marcado, portanto, por tudo o que constitui o polo do eu (os desejos, as vontades = a autonomia) e do outro (a vida social = os consensos e as regras comuns). A relação equilibrada, sustentável e justa entre os dois polos foi construída pelas civilizações em suas expressões religiosas (as grandes tradições ou religiões mundiais), políticas (as instituições sociais e jurídicas) e teóricas (a busca dos conceitos universais). A primeira expressão do comum edificou as regras do outro, colocando simetricamente o eu e o outro como parâmetro de valor (as chamadas "regras de ouro" = fazer ao outro o que gostaria que lhe fizesse, amar o próximo como a si mesmo etc.). A segunda edificou as instituições de vida comum que superaram os isolamentos individuais e tribais (direitos e deveres iguais, direitos humanos), e a terceira expôs as categorias universais do conhecimento (humanidade, espécie humana, justiça, verdade etc.). A própria noção de "humanidade" é o resultado dessa crescente universalização que supera os isolamentos localizados, em que indivíduos e grupos se julgam o centro do mundo.

As mitologias já haviam estipulado em suas narrativas o jogo tenso entre essas duas dimensões constitutivas da convivência humana e traçado em seus itinerários as consequências dos isolamentos individualistas. A tragédia de Narciso e o drama de Adão e Eva encenam, cada qual com seu ensinamento e dentro de seus marcos culturais, o que significa o desejo ilimitado executado por um eu absoluto que dispensa o outro.

Nessa chave de compreensão, a tensão entre o igual, o *endo* (interno em grego), e o *exo* (externo) acompanha a história humana como modo de representar e viver dos povos, grupos e indivíduos, como explica o criminologista Matthew Williams. A segurança do igual (do endogrupo) e o risco do diferente (do exogrupo) geraram sempre os isolamentos seguros (as tribos, as fortalezas, as identidades raciais e religiosas), a delimitação dos territórios (as fronteiras, os muros, as regras segregadoras) como formas de proteção perante a ameaça do *exo* (o outro visto como ameaça e perigo a ser evitado), assim como as estratégias de defesa: as segregações, os preconceitos, as fobias e as guerras.

A exclusividade do *endo* (o eu, o auto, o igual e o idêntico) perante o *exo* (o outro, o diferente, o estranho) produz os grupos fechados e autocentrados, com seus mecanismos defensivos. Os autocentrados entendem a realidade a partir de si mesmos ou, em outros termos, a si mesmos como realidade em oposição aos outros, vistos como diferentes, falsos, inferiores e sem direitos de existir. Os mecanismos de defesa das identidades podem seguir um percurso crescente de distinção (as diferenças radicais de sangue, grupo social, cultura e religião), separação (construção dos limites que separam por meios legais ou físicos), exclusão (a negação dos direitos do outro por vias culturais – as diversas fobias – políticas e legais) e eliminação (quando as diferenças são aniquiladas como inimigos mortais).

Os isolamentos identitários reproduzem em diferentes graus essa dinâmica que ronda sempre como perigo da aniquilação social e retorno à barbárie. O Papa Francisco lançou um alerta em sua última Encíclica *Fratelli tutti*, ao falar em "sombras de um mundo fechado", em "sonhos feitos em pedaços", em retrocessos históricos. Os isolamentos atuais retrocedem às antigas formas de isolamento endógeno que terminam no egoísmo e na lei do mais forte. As formas de viver e pensar isoladas (autocentradas, autorreferenciadas) preservam, ainda que de maneira mitigada e disfarçada em leis necessárias de segurança ou em direitos às autonomias locais e individuais, essa tendência ao isolamento e ao fechamento individual e local.

O pensamento e a prática autorreferenciados seguem a espiral crescente do isolamento, que entende a si como centro (autocentramento), o outro a partir de si (autojustificação) e a si mesmo como portador de direitos superiores (autossuficiência), dispensando e evitando a transitividade e a valorização dos diferentes como iguais. Assim procedem os etnocentrismos em todas as suas configurações geopolíticas e culturais e com suas colonizações e preconceitos (todas as fobias, a começar pela fobia aos pobres – *aporofobia*), intolerâncias e exclusivismos religiosos.

O eclesiocentrismo, com sua autorreferencialidade (uma verdade expressa em um Deus, uma revelação e uma Igreja), ainda guarda, em nome de uma unidade, de uma verdade, de uma bondade e, até mesmo, de uma beleza, a detenção de um universal que se encarna em uma realidade particular: uma tradição, uma doutrina e uma instituição particulares, mas entendidas como centro, como *axis mundi* (eixo do mundo). Por conseguinte, os que estão de fora não possuem a verdade plena e nem mesmo a salvação. Esse imaginário pode parecer uma caricatura do passado que sobrevive tão somente em grupos católicos tradicionalistas, mas constitui, na verdade, uma postura subjacente a muitos elementos da tradição, da doutrina e da composição institucional católica, que emerge em tempos de crise em linguagens amenas e na forma de posturas defensoras de pureza da fé. E, na sociedade atual, que tem recuado para mentalidades e regimes do passado como forma de solucionar suas crises, essa consciência eclesiocêntrica se encaixa de modo orgânico, de forma que os isolamentos sociais e políticos confirmam e são confirmados pelos isolamentos eclesiais.

2. A construção do eclesiocentrismo

O cristianismo foi construindo sua identidade em processo de saída do mundo judaico: do território palestino para o mundo greco-romano, das sinagogas para as residências, dos ordenamentos legais judaicos para os costumes pagãos. Embora se deva observar a crescente afirmação de uma identidade própria que resultou nas primeiras comunidades – *ekklesia* –, no jogo dialético com a identidade judaica, há que observar que, do ponto de vista social, tratava-se de grupos novos e abertos à tradução, seleção e revisão de elementos instituídos da tradição judaica, bem como à incorporação de elementos do mundo grego. Os seguidores de Jesus dedicavam-se não propriamente à edificação de uma nova instituição religiosa, mas à releitura da tradição judaica a partir da experiência do Ressuscitado, como um novo povo de Deus, e se entendiam como autênticos continuadores da antiga tradição, agora abertos a membros de diferentes classes, etnias e gênero. Os tempos messiânicos haviam chegado e, também, as suas promessas realizadas por Jesus de Nazaré, o Cristo de Deus. Nesse sentido, a *ekklesia* edifica-se na referência direta com uma pessoa enviada por Deus – como indica o próprio termo "cristãos" –, na força de sua ação viva em cada fiel-comunidade (Espírito) e na missão de anunciar a mensagem de salvação até o fim do mundo e até que ele venha. A identidade cristã vai sendo construída nesse processo aberto e criativo, que conta com a força viva e ativa do Espírito do Ressuscitado.

Essa fase carismática, da qual se tem notícia na obra paulina preservada tanto através das Cartas quanto do livro de Atos, foi sendo sucedida por gradativa organização. O carisma foi estruturando o que era vivenciado de modo prático e espontâneo. Em termos sociológicos (Max Weber), foi se institucionalizando e tradicionalizando a novidade cristã antes vivenciada na espontaneidade e na força do dom da salvação. As comunidades ligadas à primeira geração de discípulos de Jesus, estruturadas de modo mais tradicional em Jerusalém e mais carismáticas no mundo helênico, adquiriram formas organizativas mais fixas como modo de garantir sua sobrevivência, na medida em que a rotina do tempo e a diversidade dos espaços podiam dispersar os seguidores de Jesus Cristo de suas fontes e de seus valores fundamentais. As fases e os ingredientes políticos e teológicos desse processo de institucionalização foram variados e contaram, como se sabe, com elementos das instituições judaicas – da sinagoga e, mais tarde, das hierarquias sacerdotais do templo –, bem como das instituições greco-romanas.

O fato é que se tratou de um processo histórico de mais de três séculos, que teve seu ponto de chegada e de partida no interior das estruturas imperiais romanas, ao menos desde o Edito de Milão de 313. Aqui figura uma nova comunidade eclesial refeita na sinergia direta com as estruturas organizativas do Império: com a geopolítica, com o direito, com as hierarquias e com o próprio imperador. O Império, centro do mundo pela força divina, conta, desde então, com sua similar religiosa, a Igreja. A relação direta e cada vez mais próxima entre Império e Igreja edificou uma civilização teocrática (governada por hierarquias ungidas por Deus nos campos temporal e espiritual), monista (que identificava Reino de Deus com Igreja e Império) e uniforme (que se impunha como unidade para todos os súditos-cristãos). Nesse regime teológico-político, a Igreja é concebida como centro da história e do mundo, e encontra em si mesma, ou seja, em sua tradição, em sua doutrina e em sua organização, o significado completo, visível e imutável do plano de Deus realizado em Jesus Cristo.

É verdade que, na primeira fase da cristandade antiga e medieval, a relação mais ou menos tensa entre os poderes políticos e temporais dispunha de visões e práticas que exigiam pensar, ao menos, em uma dupla centralidade teocrática, reivindicada pelos dois poderes aliados. O eclesiocentrismo tinha que repartir seu exercício e sua *potestas* com o reinocentrismo dos reis e imperadores considerados ungidos por Deus para implantar seu reino na terra. A postura eclesiocêntrica adquire seu significado pleno com a reforma gregoriana (século XI), quando Gregório VII coloca o bispo de Roma no centro do poder terreno, e, a partir desse epicentro sagrado, passa-se a compreender o exercício de todo poder, a unidade de toda cultura e a base de toda sociedade. Dessa reforma em diante, a Igreja Católica reproduziu-se pelos séculos com sua autocompreensão e estruturação institucional de maneira quase intacta, ainda que a história tenha providenciado revoluções que a retirassem da cena pública, provocassem divisões internas em sua unidade e fecundassem novas formas de pensar a própria natureza e missão. O eclesiocentrismo sobreviveu em plena emergência das autonomias modernas precisamente como resistência de uma consciência e de uma prática antiga, perante as renovações que se impunham na história.

Foi somente com o Vaticano II que o eclesiocentrismo foi desbancado como verdade teológica e práxis hegemônica na moldura do método fundamental conciliar: da referência às fontes e do diálogo com a sociedade. Entre o mistério salvífico e a realidade presente, a Igreja redefine sua natureza e missão como sinal de salvação no mundo e servidora da humanidade.

O eclesiocentrismo concretiza a Igreja autorreferenciada, que se contrapõe às estruturas descentralizadas e às dinâmicas participativas do conjunto da Igreja, na medida em que: (a) fornece o fundamento certo e a garantia da verdade de que é portadora, perante os erros que vêm de fora; (b) assegura a unidade interna da Igreja como identidade estável, perante as diferenças ameaçadoras; (c) alimenta a unidade e a estabilidade com as verdades salvíficas perenes, perante as mudanças; (d) reproduz uma tradição e uma doutrina fixas, contrapostas às mutabilidades históricas; (e) edifica o corpo eclesial em torno de um poder central, hierarquizado e descendente, eixo suficiente para a manutenção das tradições, das doutrinas e das estruturas eclesiais; (f) fundamenta em seu conjunto as normas e as leis que garantem e reproduzem a uniformidade interna e a presença política na sociedade; (g) oferece formas definitivas de linguagens e imagens institucionais com determinadas estéticas.

Unidade, hierarquia, tradição, reprodução e estabilidade são as pedras fundamentais do edifício eclesial, sendo que tudo o que indicar mudança, autocrítica ou colocar em risco a regularidade de sua estrutura e funcionalidade será rejeitado ou assimilado pelas regras da preservação. A sinodalidade constitui um princípio e um método contrapostos ao eclesiocentrismo.

3. As sobrevivências eclesiocêntricas

O eclesiocentrismo entende que a Igreja é uma espécie de centro da história como portadora encarnada da verdade revelada e, nessa autossuficiência teológica, entende a si própria e o mundo a partir de si mesma. O cristianismo é a verdade perfeita que se expressa na doutrina imutável da Igreja verdadeira. O monismo *revelação-Igreja-tradição-doutrina-instituição* separa os que estão no centro da verdade e da salvação e os que estão de fora: o endogrupo religioso em oposição aos exogrupos, que, no máximo, participam de alguma forma da verdade e da salvação detidas com exclusividade pela Igreja Católica. A discussão sobre essa eclesiologia esteve no centro mais sensível dos debates eclesiológicos e ecumênicos do Vaticano II. O medo do mundo moderno, com todas as suas revoluções e desconstruções da velha cristandade, alimentava os debates das alas conservadoras que se agarravam às endogenias seguras da unidade, da verdade imutável, do poder hierárquico, da norma objetiva e dos mecanismos de controle moral e social do corpo eclesial estável, a túnica inconsútil do Rei do universo.

No discurso de abertura, João XXIII havia detectado com perspicácia a presença e a insistência dentro da Igreja dos "profetas das desgraças", que só viam maldades e maquinações na sociedade moderna. Para esses, só restava reafirmar e reeditar em formas ainda mais claras e severas a unidade da verdade e da Igreja colocada em risco pelas autonomias modernas.

As dinâmicas do diálogo foram sendo construídas progressivamente, de forma que a relação sensível, crítica e construtiva entre as endogenias católicas e as exogenias modernas se impunha a cada sessão como caminho sem volta que exigia reflexões, reformulações e definições renovadas da parte dos padres conciliares. O Concílio acolheu e dialogou com as correntes e grupos internos da Igreja (as teologias modernas e os leigos), com os cristãos protestantes, com as religiões, com a sociedade dos homens de boa vontade e, até mesmo, com os ateus. As temáticas teológicas clássicas foram recolocadas na mesma chave dialogal: o conceito de revelação e de tradição, a visão de Igreja, de ecumenismo, de papado, de autonomia e de ciência.

O Vaticano II superou, em sua teologia de fundo, a perspectiva eclesiocêntrica que expressava, até então, uma longa percepção sobre a natureza e a missão da Igreja, mas, antes, a sua própria organização hierárquica. Se, por um lado, isso significou um divisor de águas entre os conservadores eclesiocêntricos e os renovadores cristocêntricos, por outro, não superou as contradições entre o modelo organizacional, preservado de modo quase intacto, e a nova eclesiologia. As décadas posteriores significaram, ao mesmo tempo, um progressivo alinhamento dos renovadores em diversas frentes pelo mundo afora, de modo particular nas periferias, e um realinhamento cada vez mais nítido dos conservadores que se aglutinavam em torno de posturas revisoras sobre o significado renovador do grande evento. Desde o epicentro da Cúria Romana e dos papados que sucederam Paulo VI, afirmou-se uma tendência de recentramento eclesial e de controle sobre as renovações, que tirava as consequências teóricas e práticas do *aggiornamento*. O eclesiocentrismo foi mostrando seu fôlego e retornando como política eclesial/eclesiástica e como eixo das reflexões teológicas oficiais. A tendência minoritária e vencida no concílio tornou-se sempre mais unânime e legítima, na medida em que foi sendo assumida como teologia oficial do magistério papal e dos dicastérios e como direcionamento das gestões eclesiásticas.

As sobrevivências teocêntricas podem ser constatadas nas dimensões cultural, política e estrutural. A primeira no âmbito das ideias e dos valores veiculados pelos discursos, pelo magistério e pelas teologias, pelos documentos da Igreja universal e pelas Igrejas regionais e particulares. O debate pela autêntica renovação conciliar expôs por meio de várias linguagens e, sobretudo, pela linguagem teológica conteúdos e posturas teocêntricas. A Declaração *Dominus Iesus*, da Congregação para a Doutrina da Fé, representa o ápice não somente de um recentramento eclesial como também de um eclesiocentrismo superado pelo Vaticano II. Na verdade, os retornos a paradigmas do passado não constituem estratégia hermenêutica muito difícil no exercício da reflexão e do ensino oficial da Igreja, uma vez que os textos oficiais são resultados de consensos que incorporam quase sempre diversidades e contradições, dentro de uma moldura ampla que garante uma unidade formal. O âmbito político diz respeito aos sujeitos eclesiais, particularmente aqueles que ocupam posições de influência e funções decisórias no corpo eclesial. Aqui, os perfis ideológicos mais ou menos assumidos publicamente e colocados em ação por parte dos personagens definem os rumos das renovações/conservações eclesiais. Um corpo administrativo ocupado por sujeitos escolhidos e alinhados com a orientação geral e central do grupo garante o funcionamento do mesmo na direção desejada e planejada.

Nesse sentido, o clericalismo, tão denunciado pelo Papa Francisco como perversidade para a Igreja, significa a presença e o avanço de um perfil de clero e de leigos que não nasceu por acaso, mas que é fruto de políticas eclesiais adotadas pelos pontificados anteriores. A sobrevivência estrutural do eclesiocentrismo coincide com a própria organização da Igreja como poder hierárquico centralizado, que reproduz imagens, dinâmicas e valores centralizadores nas práticas eclesiais de modo geral. Mesmo que os discursos sejam renovadores, eles são operados em um corpo institucional que sobreviveu de maneira praticamente intacta depois das renovações eclesiológicas conciliares. A estrutura eclesiástica católica é eclesiocêntrica.

**

O jogo social do endogrupo *versus* exogrupo acompanha a Igreja e funciona como gatilho no momento em que os sujeitos interessados na conservação se veem ameaçados por mudanças. O endocatolicismo se apresenta, então, como defesa perante as reformas: catalogadas como exo e como perigo. O medo da mudança acorda a criatividade conservadora, que lança mão de todos os argumentos teológicos para que a Igreja permaneça a mesma, com suas seguranças eclesiocêntricas.

Os obstáculos eclesiocêntricos estarão presentes nas três dimensões supracitadas. Por certo, a mais desafiante diz respeito ao aspecto estrutural, em que os debates e as próprias fontes da fé não se mostram legítimos o suficiente para provocar mudanças.

A formação de comissões para estudar o caso costuma ser a estratégia adotada. Bem ou má intencionadas, essas comissões costumam ter desfechos indesejados: caem no esquecimento, ou produzem resultados abstratos, ou, na pior das hipóteses, criam documentos conservadores que negam o seu propósito de origem de refletir e avançar.

A sinodalidade pode ser bem acolhida como uma questão eclesiológica importante, mas carrega um potencial transformador que não interessa àqueles que prezam pelo funcionamento regular do aparelho organizacional católico. A instituição milenar, com suas normas e práticas centralizadas – eclesiasticocêntricas –, não necessita de mecanismos novos para continuar funcionando com regularidade e sendo canonicamente eficiente. Os postos de poder têm donos dentro da Igreja, como em qualquer instituição, ainda que sejam donos temporários e que justifiquem as suas funções como serviços. Não se trata, de modo geral, de figuras ciosas de poder instaladas em seus postos, mas de personagens oficiais que preferem a rotina à mudança, a estabilidade às reformas estruturais. Os membros da hierarquia podem ser doentes ou sadios, em termos da função que ocupam, mas o fato é que se empenharão por mudanças, ou pela força da obediência e da norma, postura consolidada no *éthos* católico, ou por uma conversão pessoal a outro projeto de Igreja a ser construído.

IV

A cosmovisão sacerdotal

A distinção entre clero e leigo, que estrutura o corpo eclesial católico e sustenta uma cultura que a reproduz como verdade fundamental, conta com elaborações teológicas dualistas e dualizantes, que, na raiz mais arcaica, afirmam a separação entre o sagrado e o profano. A distinção entre clero e leigo não poderia ser tão somente uma questão de poder, de ordem, de casta ou classe social. Para ter legitimidade no sistema crenças-cristão, que toma formas cada vez mais definidas em relação às tradições judaicas, a distinção passou por um processo de fundamentação teológica. O paradigma religioso sacerdotal cumpriu (e cumpre) essa função, mesmo que signifique um recuo para modelos religiosos pré-cristãos, senão anticristãos.

O cristianismo foi institucionalizando progressivamente as fontes (o cânon dos textos sagrados), a doutrina (por meio de formas fixas, lógicas e normativas), a disciplina (pela norma moral e pela jurisdição) e as funções ministeriais (por meio de uma teologia dos papéis pastorais), à medida que se distanciava de sua experiência original, marcadamente carismática e descolada das clássicas teologias do poder. A teologia da hierarquia, que tardiamente se edificou como forma de estruturar os ministérios especializados na comunidade que se expande e se distancia de sua espontaneidade original, exerceu esse papel de dar fundamento para as funções exercidas na organização eclesial. Na verdade, é preciso reconhecer a dinâmica circular dessa construção: da estrutura organizacional que pede fundamento teológico e do mesmo fundamento que gera a organização hierarquizada. A teologia do sacerdócio cumpriu essa função de justificadora e fecundadora das funções hierarquizadas adotadas pela Igreja a partir do segundo século.

O sistema teológico sacerdotal porta formas arcaicas pagás e judaicas e conteúdos judaicos hauridos das práticas sacerdotais do templo de Jerusalém. Embora assimilado tardiamente, consolidou-se como intepretação das funções ministeriais cristás/católicas edificadas nos três graus da hierarquia católica. No contexto de uma reforma que chama para a participação, tudo o que colocar em risco essa teologia consolidada na longa tradição será de alguma maneira rejeitado e excluído como heterodoxo. Contudo, a sinodalidade tocará nesse território dogmático quando retomar o debate mais radical – de raiz – sobre a revisão das formas de ministérios que contribuam com a superação da dicotomia clero-leigo e, sobretudo, do proclamado vício do clericalismo.

1. O personagem sacerdotal

A figura e a função dos sacerdotes fazem parte de vários sistemas de crença estruturados no seio das grandes civilizações, correlato direto da especialização do trabalho e da divisão de classes inerentes aos modos de produção tributária e escravagista que se configuram no mundo antigo. O poder político, entendido como expressão direta ou indireta do poder divino, conta com um corpo de especialistas que exercem a função religiosa de mediar simultaneamente as relações entre povo e divindade, povo e rei. A raiz mais antiga da cosmovisão sacerdotal que hoje opera no catolicismo se encontra nesse contexto antigo e carrega suas marcas mais ou menos explícitas, ainda que, na longa temporalidade de formação e consolidação, tenha adquirido relativa autonomia política em relação aos regimes de poder e se apresentado como um paradigma puramente religioso ou, no caso, genuinamente cristão. O sacerdote é um especialista religioso diferenciado de outros especialistas que integram regularmente os sistemas de crença que seguem a história do *homo sapiens*, desde as suas organizações tribais, precisamente por ser visto como detentor de poderes sagrados, capazes de ligar ou desligar o mundo e o mundo profano.

A figura do líder religioso é constitutiva das práticas religiosas, mesmo que adquira contornos diferenciados, por vezes radicalmente diferenciados, nos diversos sistemas, como no caso das lideranças cristãs do cristianismo primitivo, que rompem com os sacerdócios antigos, tanto com o da instituição de Israel quanto com o das antigas religiões gregas e romanas e das religiões praticadas no mundo helênico.

O líder religioso especialista no manuseio das forças sagradas era central nas sociedades tribais arcaicas; ali exercia um poder religioso inserido em um mundo em que a separação entre o natural e o sobrenatural nem sempre era nítida, mas, ao contrário, ocorria em uma relação de mundos que se intercambiavam em uma simbiose dinâmica e de modo imediato, pelos mecanismos rituais regularmente praticados. Os xamãs, por exemplo, inseridos nesse monismo sagrado natural-sobrenatural, detêm, por razões hereditárias ou de traços psicológicos, a capacidade de acessar zonas do real dominadas por forças sagradas inacessíveis aos demais membros do grupo. Os especialistas possuíam forças e habilidades capazes de oferecer aos mortais comuns os benefícios buscados, na maioria das vezes relacionados à saúde e aos oráculos sobre os destinos escondidos na trama oculta da história. Como explica

Mircea Eliade, esses agentes especiais, tão próximos do sobrenatural quanto da natureza que o comportava e o expressava em suas forças regulares, eram investidos da função de manter a ordem cósmica em funcionamento e de oferecer as soluções rituais que integravam tempo, espaço e grupos/indivíduos, em um grande regime de benefícios vitais em tempos regulares ou de exceção.

Embora se possa observar semelhanças entre os especialistas religiosos arcaicos e os que ocupam a função oficial de mediador nas sociedades antigas, é preciso notar que esses últimos se inserem em cosmovisões que operaram de algum modo uma separação radical entre dois mundos: o do sagrado, habitado por deuses, e o do profano, habitado pelos homens, assim como do mundo profano governado por representantes de Deus. A noção personalizada de uma divindade radicalmente transcendente e todo-poderosa sustenta o dualismo entre o mundo celestial e o mundo dos homens e exige a construção de mediações (de espaços, tempos e indivíduos) capazes de estabelecer conexões ou religações com a conexão original rompida por alguma razão. Esse mundo superior e poderoso se opunha e se impunha sobre o dos mortais, com suas forças e seus desígnios imponderáveis, mas sujeitos às ponderações dos mediadores autorizados, os sacerdotes. Nas tradições religiosas antigas, a figura do sacerdote soluciona, portanto, a separação entre as duas ordens radicalmente distintas e rompidas, mas em permanente interação, ocupando um lugar especial de mediador. Os dois mundos são reconectados na força do sacerdote, com seus rituais destinados ao convencimento, ao apaziguamento, à negociação, aos agradecimentos ou à homenagem ao divino. A mediação sacerdotal-ritual ocorre por meio de gestos e símbolos que realizam o que significam, sendo os sacrifícios de vítimas os meios mais comuns de satisfação da divindade em suas ações rotineiras no mundo e na história ou em sua ira atiçada pelas transgressões humanas. O sacerdote é um mediador eficiente que oferece soluções mágicas para as situações humanas diversas e eleva-se como portador de forças superiores, as quais podem abençoar ou amaldiçoar os fiéis, bem como conduzi-los à salvação, agora e na outra vida.

As teologias do especialista religioso mediador tratam de oferecer a doutrina justificadora da segregação pessoal, que coloca o mediador em posição distinta, como eleito de Deus para os seus serviços, seja pela via hereditária – condição recebida por transmissão familiar –, seja pela via ritual: mediante estratégias de consagração – de escolha, iniciação, separação e ritualização –, que elevam os sujeitos a uma posição distinta dos demais e os habilitam para os serviços religiosos.

O sacerdócio do judaísmo reproduzia essa práxis comum no mundo antigo. A instituição mistura-se com a história do povo hebreu desde as suas origens tribais (Jz 17–18) e, a partir da monarquia, centraliza-se em Jerusalém como organização do serviço religioso oferecido no templo e como casta estruturada a partir da transmissão hereditária. O sacerdócio judaico consolidou-se como: função centralizada no templo, função ritual de oferecer sacrifícios, casta distinta do povo por seu caráter hereditário, organização hierárquica estruturada (sumo sacerdote, sacerdotes e levitas), classe social superior aliada às elites políticas e econômicas. É com essa ordem religiosa que Jesus confronta-se em seu ministério profético, e isso terá como consequência a pena de morte praticada pelos romanos.

2. A dessacerdotização cristã

O judaísmo sinagogal não possuía sacerdócio em seus serviços religiosos e em sua organização. Havia nascido, se consolidado e se expandido sem o templo, em uma nova invenção que se iniciava na distante Babilônia, desde o exílio de 587 a.C. Na crescente diáspora judaica pelo mundo helênico, o modelo sinagogal se expandiu como modo de viver a fé judaica sem sacrifícios e sem mediadores sacerdotes. A regra de peregrinar até Jerusalém e, com certeza, praticar rituais oficializados pelos sacerdotes conheceu seu fim definitivo desde a destruição do templo e da cidade santa no ano 70.

É preciso acentuar também a relação particular de Jesus de Nazaré com o templo e, por conseguinte, com o sacerdócio ali institucionalizado. Seu movimento eclodiu distante do poder religioso centralizado no templo e nas funções sacerdotais. Os Evangelhos mostram Jesus atuando, sobretudo, nas casas e nos povoados, algumas vezes na sinagoga e uma vez no templo, em um gesto de repúdio ao que servia como matéria para os sacrifícios. O movimento de Jesus é profético e, como tal, opera longe dos poderes instituídos. Como explicou Bourdieu, profeta não combina com sacerdote. E este costuma matar aquele. Jesus tem consciência dessa dicotomia: "Jerusalém, Jerusalém que mata os profetas e apedreja os que lhe são enviados!" (Lc 13,34).

O judaísmo que forneceu a primeira e imediata referência para o cristianismo era dessacerdotalizado. As comunidades se organizavam em torno das Escrituras e contavam, evidentemente, com funções especializadas ligadas aos serviços sinagogais. Nessa instituição, o texto sagrado ocupa o lugar da mediação sacerdotal como palavra que revela Deus no presente da comunidade e exige outros serviços desvestidos da velha sacralidade segregadora dos sacerdotes. O especialista religioso é especialista na palavra (na memória da ação histórica de Deus, preservada na escrita, narrada, estudada, ensinada e celebrada). O especialista e o ritual dessa comunidade religiosa foram construídos como um sistema mais localizado, descentralizado, intelectualizado e, por essa razão, capaz de universalizar-se, sem os vínculos inseparáveis do templo-sacerdote-rito, bem como da estirpe-hereditariedade-função que constituía o regime estabelecido em Jerusalém.

Quando os seguidores de Jesus Cristo abandonaram as sinagogas e foram para dentro das casas, tiveram que inventar a si mesmos como novo grupo judaico. Nesse ambiente doméstico, organizaram seus primeiros serviços na simplicidade das funções ali exercidas, tendo sempre a referência de um apóstolo que garantia a unidade e a ligação da comunidade com Jesus morto e ressuscitado. A organização era de cunho carismático, ou seja, de serviços espontâneos exercidos na força do dom do Messias morto e vivo na comunidade. O Espírito doado pelo Ressuscitado é o mediador ativo que liga dom-indivíduo-serviço-comunidade e sustenta as diversidades como parte do mesmo corpo, conforme testemunhou o apóstolo Paulo. O cristianismo construiu suas primeiras funções em uma dinâmica de criatividade, preservando modelos da sinagoga, adotando práticas comuns da administração das cidades. Fundados na presença do Ressuscitado, por meio de seu Espírito presente na comunidade e em cada indivíduo, os ministérios diversificados expressam a relação imediata *Espírito-dom-serviço--funções* e constroem a vida da mesma comunidade. Cada membro da comunidade é mediador entre Deus e os seus irmãos, e sobre essa democracia carismática os diversos serviços são estabelecidos, executados e organizados (1Cor 12–15).

Pelos textos neotestamentários é possível inferir a presença de dois modos principais de legitimar os serviços de liderança nas comunidades dos seguidores de Jesus. Um primeiro de tipo tradicional, embasado na sucessão familiar da comunidade de Jerusalém, coordenada por Tiago, o irmão do Senhor (Gl 1,18), e um de tipo carismático, legitimado pela experiência do Ressuscitado e que tem em Paulo a grande autoridade. Esses modelos se chocam no modo de interpretar a tradição judaica e de organizar a vida comunitária, conforme atestam o livro de Atos (15) e o próprio Paulo (Gl 2,1-10).

De toda forma, prevalece nesses cristianismos uma concepção de liderança que busca o vínculo com a prática de Jesus, longe do templo e da instituição do sacerdócio. A práxis profética de Jesus oferece referências de exercício da missão dos discípulos/apóstolos como serviço, e não como poder. Na cosmovisão paulina nem sequer constam elementos de teologia sacerdotal que embasem a interpretação sobre Jesus e sobre as funções comunitárias. A lei antiga está superada. O sacerdócio parece, de fato, esquecido, sem relevância que mereça discussão, como no caso da Lei. Para Paulo, Deus se revela por meio de seu Filho morto e ressuscitado, mistério a partir do qual nascem e são construídas as Igrejas (*ekklesia*) como congregação dos pequenos e dos iguais. A cruz constitui o grande eixo que refaz a imagem de Deus, fraco com os fracos, e supera toda referência de uma percepção teocrática que fundamente os serviços e o próprio Deus. Nessa percepção teológica *kenótica* e na *ekklesia* feita na unidade e na diversidade de dons distribuídos pelo Espírito, não há lugar para leituras e práticas de poder religioso.

O Novo Testamento testemunha essa organização ministerial sem referências ao sacerdócio, referência que vai sendo retomada como teologia que interpreta exclusivamente Jesus Cristo, conforme a Carta aos Hebreus. Jesus Cristo é o único mediador entre Deus e a humanidade, e, a partir desse momento, toda mediação sacerdotal está superada e desautorizada. Tudo está definitivamente ligado e resta à comunidade cristã viver e organizar-se com lideranças que visam somente ao serviço.

3. A sacerdotização do cristianismo

O cristianismo primitivo foi sendo construído à medida que se organizava em suas funções, em que se distinguia inevitavelmente o especialista religioso e, por conseguinte, as autoridades religiosas dos demais fiéis da comunidade. No final do primeiro século, textos do Novo Testamento testemunharam a necessidade de normatizar as funções de liderança. As Cartas de Timóteo e de Tito expressam essa fase de institucionalização, nominando os ministérios e normatizando o seu exercício. Como todo movimento religioso, a fase de institucionalização se apresenta como necessária e inevitável para que o carisma fundacional possa ser preservado e levado adiante na história. É nesse movimento institucionalizador que se definem as funções, são normatizadas as ações, fixadas as hierarquias e centralizados os ministérios. Para tanto, a busca de fundamentos teológicos para o que ia sendo construído torna-se importante. À medida que as funções foram sendo concentradas, hierarquizadas e centralizadas em figuras distintas herdadas da sinagoga e das cidades gregas – diáconos, presbíteros e epíscopos –, o recurso às referências sacerdotais presentes no Antigo Testamento foi sendo utilizado como uma nova hermenêutica cristã, desencadeando um processo gradativo de interpretação, indo do mais particular ao mais universal, da pluralidade à uniformidade, do flexível ao fixo, chegando a uma espécie de totalização sacerdotal que abrange o conjunto da percepção cristã.

Pode-se observar, assim, um processo de sacerdotalização (Alberto Parra) dos significados cristãos, dentro dos quais se inclui, de modo especial, a sacerdotalização dos ministérios, nos seguintes significados: (a) como chave de leitura geral do mistério cristão, expresso em Jesus Cristo, na obra de salvação por ele realizada, nos significados da vida comunitária, nos serviços instituídos e na própria ação política; (b) como fundamentação teológica dos ministérios, então centralizados e hierarquizados nas três funções que se tornam unânimes, únicas e fixas: diácono, presbítero e epíscopo; (c) como base da distinção entre consagrados e não consagrados, entre cleros e leigos; (d) como fundamentação da exclusividade dos ministérios (dos três hierárquicos) para o sexo masculino; (e) como categoria estruturante da eclesiologia católica, cada vez mais autorreferenciada; (f) como fundamentação da missão ritual própria, inerente e exclusiva do sacerdote, de onde emerge a compreensão da ceia eucarística como ritual sacrificial.

De modo esquemático e sem pretensões de sequência cronológica rigorosa, porém, revelando uma clara progressão, pode-se observar uma sequência universalizante do paradigma sacerdotal no seio do cristianismo, recurso hermenêutico que acompanha a longa temporalidade de formação da Igreja e de sua práxis e que se expande como:

1º) *Sacerdotalização de Jesus Cristo*. A teologia da liberdade paulina superara a Lei antiga com a lei do amor (Gl 5,13-14) e as mediações sacerdotais, enquanto poder religioso e ritual. E a própria teologia da cruz, tão fundamental em sua cosmovisão, não traz nenhuma analogia com esquemas sacrificiais. Ao contrário, a *kenosis* de Deus no Filho crucificado destrói as imagens de poder religioso (de Deus e de mediadores) que operam como força capaz de direcionar a natureza e a história. Contudo, outro paradigma é colocado em marcha, ao que tudo indica, ainda na década da morte do apóstolo, e parece fazer com o sacerdócio o mesmo movimento de superação que Paulo havia feito com a Lei. A Carta aos Hebreus apresenta uma cristificação do sacerdócio. O sacerdócio é, ao mesmo tempo, integrado e superado por Jesus Cristo. O autor ensina o fim do sacerdócio/sacrifícios do templo por parte da vida, morte e ressurreição de Jesus. Ele é o verdadeiro, único e definitivo sacerdote; é o próprio sacrifício definitivo que supera todos os sacrifícios; mediador definitivo entre Deus e a humanidade. Não há mais necessidade de sacerdotes e de cultos sacrificiais, e o povo de Deus tem acesso direto a Deus por meio de Jesus vivo na comunidade.

2º) *Sacerdotalização da Igreja*. Os seguidores de Jesus são todos sacerdotes. A teologia do sacerdócio é também aplicada à Igreja na Primeira Carta de Pedro. A Igreja é construída com as pedras da pedra viva que é Cristo. A Igreja é edificada como casa espiritual, para um sacerdócio santo, a fim de oferecer sacrifícios espirituais e agradáveis a Deus, por intermédio de Jesus Cristo (2,5). O povo de Deus é raça eleita, nação santa e sacerdote régio (2,9). O Apocalipse repete a mesma teologia, quando vincula o sacrifício de Jesus na cruz com o sacrifício dos cristãos perseguidos: "... e que transformou em reino, em sacerdotes para Deus..." (1,6), e define os mortos vitoriosos como transformados pelo sacrifício de suas vidas em "reino de sacerdotes" (5,11). O sacerdócio é distribuído a todos os seguidores de Jesus. No sacerdócio de Jesus, todos os cristãos são sacerdotes. Essas passagens fundamentam a teologia do sacerdócio comum dos fiéis, retomada pela reforma luterana e pelo Vaticano II (LG, 10).

3º) *Sacerdotalização dos ministérios*. A partir do segundo século, a teologia do sacerdócio, até então utilizada para interpretar Jesus Cristo e a Igreja, vai ser retomada, em sua concepção e modelos vigentes no judaísmo do templo, como parâmetro e modelo para os ministérios, antes plurais e nem sempre hierarquizados; vai sendo traduzida e aplicada, de forma exclusiva, aos ministérios, construindo uma analogia direta entre a hierarquia sacerdotal antiga e as funções/serviços cristãos. O que até então era entendido como superado pela pessoa e obra salvífica de Jesus Cristo, retorna com força performativa e normatizadora. Dando continuidade ao método tipológico que vê as figuras do Novo Testamento como concretizações do Antigo, alguns Padres da Igreja construíram a ideia de sacerdotes no cristianismo. Clemente Romano, na virada do primeiro para o segundo século, transpôs a hierarquia do templo para os ministérios cristãos: o sumo sacerdote = bispos, o sacerdote = presbíteros e os levitas = diáconos. Irineu de Lião, no início do segundo século, aplicou a Jesus a função de sacerdote, assim como aos apóstolos, que teriam como missão servir o altar, celebrando o sacrifício eucarístico. No terceiro século, Hipólito Romano reafirmou a relação dos graus sacerdotais do judaísmo, concretizados no bispo como sumo sacerdote, no presbítero que auxilia o bispo como sacerdote (participando de seu poder sacerdotal), e no diácono, que não é sacerdote, mas que exerce a função de auxiliar do bispo. A consolidação dogmática desse esquema sacerdotal hierárquico foi feita pelos Concílios de Niceia (325) e Constantinopla (381), que definiram como verdade comum os três graus da hierarquia.

4º) *Sacerdotalização da Eucaristia*. A Eucaristia e o Batismo constituem as duas celebrações que marcaram a identidade das primeiras comunidades. A celebração da ceia, como cumprimento da ordem do Senhor, como memória de sua morte-ressurreição e como mistério unificador da comunidade com Cristo e dos membros entre si, é narrada por Paulo (1Cor 11,17-34). O apóstolo testemunha, ao mesmo tempo, tratar-se de uma refeição comunitária, porém revestida de um significado preciso como comunhão do corpo de Cristo. À medida que o ministério sacerdotal se transformava no paradigma de compreensão da função ministerial, a definição de sua ação ritual tornou-se, evidentemente, necessária. A Eucaristia passou a ter cada vez mais um caráter sacrifical. O sacerdote cristão passou a celebrar um novo ritual, que é a atualização do sacrifício da cruz. Essa dimensão vai adquirir um aspecto não somente ritual como também cristológico, a partir do momento que a morte de cruz vai sendo compreendida como um sacrifício necessário, querido por Deus, como preço da redenção humana pago por Jesus Cristo. As caricaturas sacrificialistas do mistério salvífico acompanharam a história da Igreja, e nem mesmo os reformadores do século XVI se livraram dela. O saldo final é que a função sacerdotal de oferecer sacrifícios, inerente à sua função e condição, concretiza-se, então, no sacerdócio cristão que celebra o culto eucarístico. A ritualidade sacrificial escondeu, em sua teologia, em seus gestos e em suas estéticas, a ceia comunitária da comunhão no mesmo corpo do Senhor.

5º) *Sacerdotalização ritual de Jesus e seu ministério.* Esse processo tornou-se lugar-comum na consciência eclesial católica e se repete simbolicamente a cada Quinta-feira Santa, como memória da instituição do sacerdócio ministerial por Jesus. Antecipando, na última ceia, o sacrifício de sua morte na cruz e sabendo da iminência de sua partida, Jesus instaura a dupla, a partir daí inseparável: Eucaristia e sacerdócio. Aqui o foco sacerdotalizante aplica-se diretamente ao Jesus histórico e a sua práxis. Em uma nítida "retrojeção" da práxis sacerdotal instituída tardiamente e sem qualquer referência textual objetiva, interpreta-se que Jesus exerce uma missão sacerdotal na última ceia: faz uma oração sacerdotal (Jo 17), estabelece o sacerdócio, escolhe somente homens para o ministério presbiteral. A cena do serviço radical do discípulo simbolizado no "lava-pés", no texto joanino, dá lugar a uma espécie de "mito de origem" do poder sacerdotal fundado em Jesus e transmitido aos seus doze apóstolos (figura ausente na narrativa joanina). Esse expediente, construído e reproduzido ao longo do tempo, cimenta a autenticidade crística do sacerdócio ministerial, embora careça de uma referência nos textos utilizados. Com efeito, fica construído, na força da ritualidade, a relação direta entre Jesus-cruz-sacerdócio-Eucaristia.

6º) *Sacerdotalização da política*. O imaginário consolidado do Cristo sacerdote, do qual decorrem por mandato (do Jesus histórico) e por inserção em seu mistério (por participação *in persona Christi*) os ministérios sacerdotais particulares, consolida-se na Igreja Católica de modo estrutural. A imagem do mediador entre Deus e os homens forneceu a base de teologias do poder, de ritualidades sacrificais, de rubricas e de estéticas que distinguiram de modo ontológico a natureza do clero e do leigo. Mas a sacerdotalização expandiu-se, em muitos momentos e contextos, para o campo político no âmbito das teocracias, quando também o imperador, ungido por Deus para governar em seu nome, passou a ser interpretado como uma espécie de "sacerdote" que detinha poderes de mediador entre Deus e o povo e exercia funções de governo eclesial, e até mesmo funções rituais lado a lado com os bispos.

***

A concretização da sinodalidade exigirá mudanças culturais (no âmbito dos valores e percepções eclesiais) e tocará diretamente na relação entre os sujeitos eclesiais, ordenados e não ordenados. Nenhuma teologia da comunhão e participação poderá desviar-se desse momento político-eclesial, que exigirá conversão e transformação de modelos de exercício ministerial na comunidade eclesial. A Igreja em processo sinodal e em busca da sinodalidade conta com o imaginário, a teologia e a prática sacerdotais consolidados dogmaticamente na sua tradição, doutrina e práxis. Esse dado realíssimo confronta-se inevitavelmente com um modelo de Igreja ministerial que envolva a participação de cleros e leigos como sujeitos de dignidade fundamental idêntica aos cristãos (batizados e pertencentes ao mesmo corpo). Riscos de duas ingenuidades: (1ª) ignorar a força do esquema sacerdotal e acreditar na força de discursos sobre comunhão e participação e de mudanças funcionais como soluções eficientes; (2ª) supor uma revolução que elimine a teologia sacerdotal e a substitua por uma teologia ministerial. O clericalismo alimenta-se do fundamento sacerdotal e o reproduz como visão e prática imutáveis. De outro lado, a sinodalidade clama por criatividade sustentável nesse corpo consolidado e, muitas vezes, enrijecido.

A hermenêutica e os modelos sacerdotais já foram ponderados pelo Vaticano II com a retomada do sacerdócio comum oferecido pelo Novo Testamento (LG). As traduções sinodais dessa teologia ainda não foram feitas, uma vez que a colegialidade episcopal permaneceu episcopal, sem sequer chegar a ser clerical. O Papa Francisco tem apontado para uma direção participativa na Igreja que envolva todo o povo de Deus. Os primeiros passos foram dados. A busca do primado do sacerdócio comum sobre o ministerial ainda pede elaborações teológicas. O sacerdócio ministerial ainda necessita de mitigações hauridas do Novo Testamento, certamente em um movimento de descentralização de funções. A troca da hierarquia ministerial por um modelo carismático não parece ser possível nem mesmo viável, tendo em vista as condições históricas em que a Igreja se encontra e sua própria identidade consolidada. Contudo, serão possíveis, como fala o próprio Francisco, modelos mais desconcentrados e descentralizados (EG, 27-32), que instituam regras e mecanismos de participação, incluindo, de exceção, os diversos sujeitos eclesiais, leigos e clérigos, homens e mulheres, e articulando de modo mais autêntico e orgânico as diversas esferas da organização eclesial, do mais local ao universal.

A teologia sacerdotal é um modelo consolidado que não pode ser o critério único e cômodo "do que foi sempre assim" (EG, 33), e que, na verdade, "nem sempre foi assim", para decidir sobre novas instituições ministeriais e outras formas de pensar teologicamente os serviços na Igreja. Não poderá ser igualmente um defensivo contra as propostas de reformulação dos ministérios, sobretudo com respeito à inclusão das mulheres. O modelo sacerdotal terá que, no mínimo, ser confrontado dialeticamente com os modelos de serviços testemunhados pelo Novo Testamento. Somente do confronto honesto é que poderão advir novas sínteses, sabendo-se que a unidade superior ao conflito não o evita, mas, ao contrário, passa por ele (EG, 227). A colegialidade episcopal deverá ser completada com a colegialidade comum dos batizados. Que não haja somente um sínodo dos bispos, mas também um sínodo do povo de Deus. A descentralização salutar que começa do papado não poderá parar nos bispos ou nos párocos, mas chegar às comunidades, aos leigos, como lugar eclesial que participa dos discernimentos sob o comando do Espírito.

OBSTÁCULOS POLÍTICOS

V

O tradicionalismo

A sinodalidade é um princípio e uma dinâmica eclesiais que têm como pressupostos dois dinamismos ao mesmo tempo: o sociológico e o teológico. O primeiro afirma ser a Igreja uma realidade em construção permanente e não uma organização fixa e acabada. O significado teológico compreende essa construção como tarefa de todos os sujeitos eclesiais e não apenas de alguns especialistas religiosos; entende o processo de construção como ação do Espírito que conduz a Igreja à verdade (Jo 16,13), em sua marcha histórica, e que ela é uma realidade que agrega no mesmo corpo místico membros iguais e com mandato de construtores de sua própria comunidade, com os dons traduzidos em serviços (1Cor 12–15). Essa consciência eclesial genuinamente neotestamentária choca-se com outra consciência formada posteriormente na Igreja: a concepção de Igreja como hierarquia fixa, com funções concentradas e que preserva uma verdade imutável nessa arquitetura. Em tal percepção, não há nem construção a ser feita nem participação. O que eventualmente necessitar de revisão deverá proceder unicamente dos que estão investidos de poder de direção, e esse movimento acontece de cima para baixo: de Deus para os mediadores instituídos e sagrados (hierarcas), do grau supremo da hierarquia para os que estão abaixo. Toda verdade é expressão de uma essência eterna, e a natureza e a história devem ser a expressão dessa imutabilidade. A Igreja brota de uma ideia pronta que tem origem no próprio Deus e, por essa razão, deve ser preservada sem mudanças, apenas se adaptando para ser mais coerente com aquilo que Deus planejou.

Na primeira consciência, a sinodalidade é um caminho natural, necessário e desejado pelos sujeitos que compõem o mesmo corpo eclesial. Na segunda, é uma excrescência política desnecessária e anárquica que rompe com a estabilidade e com a verdade imutável revelada por Deus. A primeira se empenha na renovação da Igreja em todo tempo e lugar. A segunda busca meios para preservar a doutrina, os rituais, as normas e as estruturas, já que tudo isso é expressão de uma verdade eterna revelada. Assim pensam os tradicionalistas católicos. Para essa tendência hoje muito visível dentro da Igreja e no seu entorno, a sinodalidade é um processo a ser evitado, mesmo que não se organize em trincheiras com essa causa explícita. Mas, por se tratar de uma tendência presente de maneira concentrada ou difusa, os tradicionalistas procurarão meios de evitar a efetivação da sinodalidade, sobretudo se cobrar transformações estruturais na Igreja.

1. As expressões e presenças tradicionalistas

O tradicionalismo se expressa como tendência, como frente de ação e como organização no epicentro da Igreja Católica. A tendência concentra-se em grupos autônomos de fora da oficialidade católica, espalha-se e dissolve-se no corpo eclesial por meio de variados sujeitos, de cardeais a leigos, e se reproduz em narrativas religiosas e políticas rotineiras, assim como em rituais e estéticas comuns. A frente tradicionalista ocorre em grupos organizados e militantes, assim como por meio de sujeitos que divulgam sistematicamente o ideário como marca religiosa explícita. As organizações representam os grupos institucionalizados de dentro ou de fora da Igreja Católica, agremiações que afirmam a consciência, a postura e o sistema tradicionalista como único modo verdadeiro de viver a fé católica nos tempos modernos. Não é necessário citar fatos nem dar nome aos bois para se verificar a realidade dessa tendência e desses grupos na Igreja atual. Contudo, o projeto tradicionalista não é uniforme, embora tenha características comuns. Pode-se dizer que ele se estrutura e funciona no epicentro católico, ao modo de esferas concêntricas que se desenham, indo do mais concentrado ao mais difuso:

1ª) Primeira esfera: o *núcleo duro isolado e paralelo* à oficialidade católica. O imaginário se estrutura como antimoderno (contra a racionalidade moderna), anti-Vaticano II (nega-se o Concílio por vê-lo como uma ruptura com a longa tradição) e antipapa (por entender que o papado está vacante desde a morte de Pio XII, sendo João XXIII herege e, portanto, ilegítimo). Esse núcleo duro é constituído pelos grupos integristas radicais, que se assumem separados da Igreja atual (aliás, a Igreja atual é que se separou da autêntica verdade e da verdadeira Igreja).

2ª) Segunda esfera: *a resistência explícita ao magistério papal.* Constituída por sujeitos e grupos inseridos no corpo eclesial. São igualmente antimodernos, anti ou reticentes ao Vaticano II e, hoje, anti-Francisco. Lutam por hegemonia dentro da Igreja, sem escrúpulos em fazer oposição explícita ao papa e aos seus ensinamentos. Essa segunda esfera é composta de alguns cardeais, de setores do catolicismo conservador norte-americano, de alguns grupos acima mencionados, como os Legionários de Cristo e os Arautos do Evangelho; vivem uma espécie de "comunhão eclesial líquida", que rompe com o *éthos* da comunhão eclesial católica e com a postura da fidelidade papal.

3ª) Terceira esfera: *a resistência é inserida na Igreja*. É constituída por frentes e sujeitos eclesiais igualmente antimodernos, reticentes ou contrários às renovações conciliares e às posturas e reformas do Papa Francisco, porém, socialmente encaixados na estrutura da Igreja e alojados na rotina eclesial. São bispos e clérigos que exercem regularmente suas funções na Igreja e que publicamente declaram plena comunhão com o papa; são também legítimos (grupos de direito diocesano ou pontifício, prelazia particular) e integram movimentos inseridos no corpo eclesial, mantendo a aparência pública e formal da unidade eclesial.

Essas distintas expressões comungam de princípios comuns, ainda que se distingam na radicalidade da doutrina, nas estratégias de militância e na compreensão do Vaticano II ou da tradição católica. Pode-se dizer que, para todos, a sinodalidade constitui um problema, embora para os inseridos deva ser acolhida como um projeto legitimado pelo poder papal. Para o primeiro núcleo, trata-se de mais uma heresia que nasce da grande heresia conciliar. Para os demais, trata-se de uma teologia autêntica que deverá permanecer no âmbito das ideias e que não deve ter impactos na estrutura eclesial. Deve reformar as linguagens e até os métodos pastorais, jamais as estruturas. De fato, não têm faltado discursos que afirmem a necessidade pastoral da sinodalidade, porém, evitam ou escamoteiam, de suas decorrências, uma reforma estrutural da Igreja. Aos tradicionalismos, a sinodalidade é um princípio perigoso que coloca em risco suas cosmovisões de Igreja concluída, de poder concentrado e hierárquico e de verdade imutável.

2. As origens do tradicionalismo

O tradicionalismo constitui um paradigma resultante da longa temporalidade católica, que afirma, institui e comunica uma espécie de síntese destilada de elementos do passado, demarcados no monismo *revelação-verdade-Igreja*, na unidade integrista entre *religião-Igreja-sociedade* e no exercício hierarquizado da verdade e do poder político e religioso. Pode ser entendido a partir de uma pré-história, desde onde essa postura foi construída e consolidada, e de uma história recente, em que tomou forma nítida como paradigma distinto daqueles modernos. A pré-história do tradicionalismo é ao mesmo tempo medieval e moderna. Da Idade Média, advém a Igreja que se estrutura e consolida-se como poder sagrado na história, herdeira e detentora de uma tradição teórica fixada no regime escolástico e reprodutora de modelos hierárquicos que expressam o céu e a terra. A escolástica fornece a epistemologia da verdade estável, expressão de essências que definem todos os seres e os próprios conceitos doutrinais e os dogmas. A percepção hierárquica garante os exercícios políticos dos dois poderes e confere à Igreja um lugar central na vida social, política e cultural. De sua parte, o Concílio de Trento reformou a Igreja perante o movimento reformador protestante. Desse concílio brotou uma Igreja mais autocentrada em sua tradição, em seus dogmas, em sua liturgia, e, também, mais disciplinada em suas organizações e pastorais. O saldo repassado ao tradicionalismo atual dessa longa história pode ser resumido na consciência da estabilidade da história, da centralidade da Igreja, da importância da hierarquia, da reprodução de um padrão identitário católico (rituais e estéticas) e da percepção integrista que afirma a unidade necessária entre a vida religiosa (católica) e a vida social.

Contudo, o tradicionalismo em seu estado atual deve ser situado a partir de dois marcos constitutivos, que fornecem as fontes, o ideário e o imaginário conservador, dos quais retira a matéria-prima de sua identidade. O primeiro marco é o movimento antimoderno estruturado no século XIX, como resistência oficial da Igreja Católica. No epicentro do Vaticano I – nas fases que o antecedem, no ato de realização e no período de recepção –, foi configurando-se uma cosmovisão católica que entendia os tempos modernos como um grande equívoco que havia rompido com a unidade da verdade, com as hierarquias sociais e políticas e com a centralidade da Igreja Católica na sociedade. Essa cosmovisão tornou-se cultura católica e política eclesial, afirmando, por um lado, uma estabilidade do sistema católico e revelando, por outro, uma fragilidade sempre maior, na medida em que a modernidade avançava por fora (com todas as configurações modernas) e por dentro da Igreja (com a assimilação tensa do pensamento e das ciências modernas, por parte de teólogos, e com a emergência dos sujeitos leigos na vida social e política e na vida da Igreja).

Desde o século XIX, esse processo ocorreu como um crescendo, que, de fora para dentro, de baixo para cima, do prático para o teórico, exige mudanças no pensamento e na práxis da Igreja. À medida que a Igreja vai acolhendo em seu seio, ainda que timidamente, as ideias e os sujeitos leigos, a distinção entre os modelos antigos e novos tomam formas mais nítidas. Os movimentos de renovação teológica, desencadeados na Europa, expunham os distintos modelos históricos. A Doutrina Social da Igreja, inaugurada já em 1891 (Encíclica *Rerum novarum* de Leão XIII), construía pontes críticas e criativas entre a Igreja e a sociedade, entre a moral cristã e a moral civil. A emergência dos leigos, na frente mais tarde denominada "Ação Católica", exigia um reposicionamento da Igreja perante a sociedade e a si mesma, sobretudo no tocante à relação entre hierarquia e laicato. A Igreja vai assimilando aos poucos e seletivamente elementos teóricos e práticos modernos e, com eles, adapta-se lentamente ao novo contexto.

O Vaticano II foi o ponto de chegada desse longo processo, quando a Igreja oficializou uma programática de *aggiornamento*, uma atualização geral de sua tradição, de suas posturas e estratégias dentro de uma sociedade modernizada. Nesse segundo marco, a distinção entre a consciência tradicionalista e a consciência renovada torna-se evidente não somente no âmbito das mudanças implementadas como também como frentes que se distinguem e que se opõem na interpretação dos significados das mesmas renovações. As heranças doutrinais, eclesiais, litúrgicas e pastorais, consolidadas como resistência aos avanços modernos na teologia neoescolástica, nos textos do magistério, na centralidade do papado e nas normas disciplinares, são afirmadas pelos tradicionalistas como único e verdadeiro modelo a ser preservado, perante a rendição moderna da Igreja ao Vaticano II. Nascem e tomam forma os grupos, os movimentos e os sujeitos tradicionalistas, com suas fisionomias específicas. E, a partir daí, será em torno da legitimidade e do significado das renovações conciliares que a tendência tradicionalista irá se mover e marcar presença.

3. A consciência tradicionalista

A consciência tradicionalista fundamenta-se na certeza da verdade única, fixa e imutável revelada na história ou acessada pela razão e consubstanciada em um modelo histórico de pensamento e de práticas eclesiais e políticas. Nessa percepção, não há o que ser construído no âmbito da tradição, restando apenas repetir o que foi instituído como expressão da verdade eterna. Alguns pressupostos sustentam essa consciência: 1º) a convicção sobre uma verdade revelada, comunicada no presente por meio de determinados padrões objetivos e visíveis; 2º) a identificação entre formulação e verdade (a verdade é exatamente o que se encontra formulado); 3º) a concentração no tempo que se localiza entre as fontes e o presente (como tempo único que comunica a única verdade); 4º) a crença na santidade do passado e na precariedade do presente sempre ameaçador; 5º) a obediência irrestrita a uma autoridade superior, que reproduza o parâmetro de verdade adotado, e rejeição às autoridades que proponham renovações; 6º) a necessidade de reproduzir o padrão normativo do passado no presente, sob pena de transgressão e pecado; 7º) a adesão e reprodução de uma identidade – doutrinal, moral, estética e política – como regra social anterior e superior a qualquer decisão individual; 8º) a rejeição a toda diversidade como perigosa à vivência da verdade; 9º) a afinidade social, cultural e política com as ideologias e regimes pautados na conservação, na disciplina e no integrismo; 10º) a militância grupal na dinâmica da homofilia (amor ao igual); 11º) a rejeição de todas as dinâmicas participativas pautadas em princípios de igualdade, democracia e construção de consensos.

A consciência tradicionalista confronta-se com a consciência histórica no interior da modernidade e torna-se um dado epistemológico e político, ou seja, um jeito de ver, de organizar a realidade. Trata-se de duas posturas que ainda não entraram em acordo e que expressam, de fato, modos antagônicos de ver a realidade e, por conseguinte, modos antagônicos de valorar e vivenciar a vida.

A consciência histórica é gerada na longa temporalidade moderna e se expressa como visão global de realidade não mais como estabilidade, mas como construção permanente e que tem no seu centro os sujeitos humanos. Não há predeterminação para o curso da história, mas sim uma construção que envolve os distintos sujeitos com distintos interesses. Assim são construídas e reconstruídas as organizações da sociedade, os modelos políticos e os modelos teóricos. A Igreja acolheu essa percepção de modo gradativo, parcial e indireto, à medida que foi assimilando os paradigmas teóricos (do pensamento e das ciências) e práticos (a liberdade, a democracia, os direitos iguais) e os tornou legítimos nas definições do Vaticano II.

CONSCIÊNCIA TRADICIONALISTA		CONSCIÊNCIA HISTÓRICA
Passado		Presente
Linearidade	TEMPO	Processo
Imutabilidade		Transformação
Unidade		Pluralidade
Essências	VERDADE	Paradigmas
Perenidade		Historicidade
Exclusividade		Relação
Hierarquia	PODER	Colegialidade
Passividade		Subjetividade
Reprodução		Discernimento
Repetição	PEDAGOGIA	Transmissão
Interiorização		Conscientização

Da percepção da historicidade das coisas brotam novos modos de ver as fontes, a tradição, a doutrina e a própria natureza da Igreja. As fontes bíblicas foram sendo submetidas ao exame das ciências modernas, entendidas cada vez mais como resultado de uma construção histórica, de camadas textuais, de estilos literários em uso no passado, como visões que devem ser contextualizadas. A tradição adquire um caráter dinâmico como transmissão de uma verdade que se renova em cada tempo e lugar. As doutrinas são, na verdade, formulações históricas nas quais era necessário distinguir o conteúdo da verdade de sua formulação. A própria Igreja recupera por debaixo de sua configuração hierárquica a base comum como corpo místico, como comunhão de iguais na condição batismal e como povo peregrino. A verdade da fé deixa de ser entendida como única e coloca-se em diálogo com outras verdades, até mesmo com aquelas que não são religiosas. A Igreja se entende na missão de fazer o permanente discernimento da realidade presente, vista como sinais dos tempos, onde Deus continua falando e fazendo seus apelos nos dias atuais.

4. A antissinodalidade tradicionalista

Resta a essa consciência a reprodução obediente do padrão herdado do passado, única verdade a ser crida, aderida e vivenciada, e, por conseguinte, a rejeição a todo processo renovador que se apresente como caminho legítimo dentro e fora de seu grupo religioso ou político. Nesse sentido, os tradicionalistas são socialmente elitistas (defensores da ordem social segmentada como natural), culturalmente conservadores (preservadores de padrões morais, e até mesmo estéticos, do passado), politicamente antidemocráticos (afinados a regimes autoritários) e eclesialmente antissinodais (defensores de uma lógica eclesial hierarcológica fixa: centralizada, descendente e autoritária). A consciência e a postura tradicionalistas não suportam a percepção e a prática eclesial sinodal, não somente por se tratar de uma estratégia desnecessária como também por ser perigosa para os mecanismos de preservação que as sustentam e estruturam.

Na conjuntura eclesial atual, os tradicionalistas têm afirmado e ampliado presença em espaços diversos. De modo mais visível e organizado, agregam-se em grupos identitários definidos com nome e endereço, grupos integrados ao corpo eclesial e grupos segregados que renegam explicitamente as renovações conciliares e as reformas do Papa Francisco. Contam hoje com a tecnologia e os mecanismos sociais das redes virtuais, capazes de aglutinar em um mundo autônomo e paralelo (bolhas eclesiais) membros identificados pelo igual, que atrai e reproduz o igual (homofilia) e rejeita o diferente. Além dessas aglutinações visíveis e militantes, a consciência tradicionalista cresce por dentro das comunidades e entre os sujeitos eclesiais ordenados e não ordenados, como tendência que se vai tornando legítima e que mina as renovações por estratégias diretas de rejeição, mas, sobretudo, como semeadora da suspeita ou como indiferença prática e efetiva que aposta na inércia e evita a manifestação direta e o confronto.

Ao falar aos membros da Cúria Romana em 22 de dezembro de 2016, o Papa Francisco fazia um mapeamento das oposições às reformas, identificando três tipos: as resistências abertas, as ocultas e as malévolas. Cada qual se refugia de algum modo na tradição, como forma de defender-se da renovação. As resistências abertas explicitam suas posturas e negam as renovações como traição da verdade tradicional instituída; as ocultas professam a mesma postura da anterior, mas hipocritamente afirmam estar prontas à mudança; e as malévolas buscam os meios de minar as reformas com acusações, "refugiando-se nas tradições, nas aparências, nas formalidades...", explica o papa.

Passados cinco anos e com as mudanças que vão sendo implementadas, essas posturas localizadas por Francisco na Cúria se revelam cada vez mais presentes no conjunto da Igreja. As de tipo "oculto" estão disseminadas e dissolvidas em grupos e tendências eclesiais e se mostram em parte expressiva do clero atual, incluindo os prelados. As de tipo "malévolo" têm-se revelado de forma mais explícita e agressiva em movimentos católicos tradicionalistas, em membros da Cúria Romana e em grupos alocados em redes sociais.

É nesse contexto de oposição direta e de inércia que o processo sinodal em marcha encontra suas reais condições de efetivação e institucionalização. O cenário é o de mais uma chamada reformadora de Francisco em um corpo institucional rigidamente estruturado a partir da função instituída dos clérigos e em uma tradição resgatada como corpo de doutrinas fixas e imutáveis, a ser reproduzida em todo tempo e lugar. Estão demarcados os campos de força da renovação e da preservação e, por conseguinte, o da luta por hegemonia. A sinodalidade será inevitavelmente interpretada de modo distinto pelos dois campos. Não se trata de uma polarização eclesialmente ilegítima a ser evitada (ocultada ou mitigada em nome de uma comunhão constitutiva da Igreja), mas de uma conjuntura real a ser considerada, em que a divergência deve vir à tona sem disfarces, assim como veio nas posturas de Pedro e Paulo no cristianismo nascente (Gl 3,11-14).

***

Os tradicionalistas atuam dentro e fora dos espaços institucionais católicos, dentro e fora das comunidades territoriais, dentro e fora das rotinas pastorais. Os que estão fora desses ambientes vivenciam uma autonomia edificada sempre sobre condições econômicas e, por essa razão, demarcam com eficiência e agressividade suas cosmovisões. Hoje, as redes sociais são meios de grande alcance por onde eles divulgam seus ensinamentos e conquistam adeptos numericamente expressivos: os militantes fiéis, os seguidores ou os curtidores. Evidentemente, o povo simples não dispõe de critérios para discernir as ofertas e identidades tradicionalistas que se apresentam como a verdadeira Igreja e como as detentoras da verdadeira doutrina. Os que estão dentro da rotina das comunidades eclesiais atuam de forma discreta, pelo fato de estarem dissolvidos como tendência eclesial em movimentos, em sujeitos e em narrativas que fazem parte da regularidade da vida eclesial. É a postura reproduzida, de forma consciente ou não, pelos vários sujeitos eclesiais, clérigos ou leigos.

A sinodalidade será enfrentada explicitamente pelos que estão de fora, sobretudo no momento do sínodo, em 2023/2024. O Sínodo da Amazônia foi um retrato da atuação tradicionalista contra qualquer renovação. Contudo, essa estratégia de enfrentamento atinge muitos sujeitos e comunidades eclesiais e semeia a suspeita e a divisão. A estratégia piedosa tem apelo popular e eficácia política, com seus velhos apelos: "Rezemos pelo sínodo", "Rezemos pela conversão da Igreja", "Rezemos pelo papa". A cizânia tradicionalista tem sido rotina nas comunidades eclesiais e avança, muitas vezes, sob o silêncio omisso ou estratégico de bispos e clérigos.

Os que estão dentro das comunidades eclesiais já estão em ação – conscientes ou não –, na medida em que assumem duas posturas. A primeira é a da inércia executada no silêncio e na indiferença ao processo sinodal. A segunda é a da adaptação que transforma a sinodalidade em uma abstração teológica e pastoral. A onda sinodal pode alimentar discursos e sermões, mas as posturas permanecem as mesmas. O clero permanece como poder central instituído e garantido pelo Direito Canônico e reproduzido pela cultura da passividade dos fiéis leigos, consumidores religiosos cada vez mais individualizados.

A sinodalidade é, sem dúvida, uma teologia antitética ao tradicionalismo; um antídoto a ser utilizado de modo espontâneo ou consciente perante os tradicionalistas que na cultura midiática e no pluralismo eclesial vieram para ficar. Nesse sentido, a retomada da sinodalidade oferece uma hermenêutica eclesial que pode alavancar a participação laical nas decisões eclesiais, mas também, antes dessa mudança política e metodológica, propiciar formas de educação teológica e pastoral para os sujeitos leigos. A sinodalidade traz uma exigência de estudo para todos os sujeitos leigos, de onde despontam possibilidades de uma consciência eclesial renovada, aberta aos desafios da história e com maior capacidade de discernimento das ofertas de passividade, isolamento e autoritarismo religioso.

O recinto do sínodo será também demarcado por posturas tradicionalistas expressas nas intervenções, nos padres sinodais e em argumentações teológicas que reproduzem, muitas vezes, o medo da mudança. O resultado final é sempre marcado pelo jogo da renovação-conservação. O novo que poderá vir será enquadrado inevitavelmente no antigo, conforme a regra política católica, e nessa moldura buscará os meios possíveis de concretização. Contudo, a tradição sinodal está retomada como valor que, uma vez oficializado pelo magistério, inaugura uma era de construção que, ao que tudo indica, está apenas começando.

VI

O individualismo

O individualismo religioso não é uma novidade no cristianismo. As exortações paulinas à comunidade de Corinto (1Cor) já indicam a preocupação com esse perfil de membros que ignoram a vida comunitária como parâmetro comum e identificador dos seguidores do Messias morto e ressuscitado. O mundo grego oferecia essa postura como caminho de libertação, assim como as religiões de mistério. A salvação era entendida por esses grupos como um processo de ascese individual, quando a alma alcançava a libertação final. A *ekklesia* oferecia um caminho diferente que conjugava liberdade e amor, dom individual e serviço. Nem indivíduo isolado nem a massificação da lei. Em Jesus Cristo, todos formam um mesmo corpo feito de unidade e diversidade.

Pode-se dizer que o divisor de águas entre o cristianismo e o judaísmo sinagogal, assim como entre o cristianismo e o pensamento grego, foi a concepção antropológica que afirma, por um lado, a singularidade humana como individual, livre e responsável, e, por outro, seu vínculo com os outros. O cristão se entende e se faz na relação, e não no isolamento. O cristianismo construiu sua identidade primordial negando o individualismo como valor e como prática. Aqui se pode localizar a raiz mais arcaica da noção de sujeito que supera a individualidade isolada e espiritualizada com a percepção e a práxis do indivíduo livre em sua adesão, consciente de sua condição e ativo na comunidade. Liberdade, autonomia e ação definem o sujeito moderno, expressão concluída de uma temporalidade de longuíssima duração que formou o Ocidente desde suas fontes judeo-cristãs e gregas. O sujeito cristão já encarnava essas características dentro das condições da comunidade e da sociedade antiga.

Hoje se fala em crise do sujeito, na medida em que foi capturado pelos mecanismos do mercado e transformado cada vez mais em um consumidor isolado e entregue aos dinamismos de seus próprios desejos de satisfação. As religiões reproduzem esse individualismo em suas ofertas de solução. As versões individualistas podem variar, trazendo sempre a ideia de que a vida de fé está reduzida aos desejos, opções e práticas individualizadas, sem vínculos interpessoais com a comunidade de fé. Esse isolamento individual dispensa os vínculos e os dinamismos de vivência comunitária por entender-se como centro de toda vivência humana e, por conseguinte, da vivência religiosa. O que estiver fora desse centro será considerado desnecessário e, no limite, ameaçador. Para o individualismo religioso, a sinodalidade é um valor estranho e um exercício desnecessário.

1. O processo de construção do individualismo

A postura individualista é o polo oposto do sujeito. O individualista é o indivíduo autorreferenciado que se isola em si mesmo e dispensa o outro de suas vivências e preocupações. O sujeito é o indivíduo relacionado que se entende como membro de uma comunidade, onde se situa e onde atua. Embora sejam conceitos que criam tipologias, essas posturas podem ser observadas na vida concreta dos grupos humanos de ontem e, sobretudo, de hoje. Contudo, as sociedades modernas é que colocam essas distinções em evidência sempre mais nítida. No mundo pré-moderno, a ideia e a prática do sujeito nem sempre são visíveis e efetivas, uma vez que cada indivíduo se encontra integrado em seu grupo (as tribos e as sociedades tradicionais). Nesse todo integrador, cada singularidade é uma parte de uma totalidade de significados, e a reproduz em seu comportamento individual. Aquilo que é comum assimila os distintos. A consciência de si se concretiza não como liberdade, ação à execução, mas como reprodução de uma regra de vida e de um itinerário previamente traçados e instituídos pelo grupo (pelos costumes e normas). O sujeito emergiu como exercício gradativo da autonomia que se firmava como valor e tomava forma nas práticas econômica, social, política, cultural e religiosa. Nesse sentido é que, com razão, muitos estudiosos definem a modernidade como "emergência do sujeito". Ainda que se possa dizer que o sujeito permaneceu em grande medida como um ideal inconcluso, ele de fato foi sendo expresso como nova realidade, do ponto de vista dos valores e das práticas que rompiam com o mundo medieval.

A modernidade foi e continua sendo um processo ambíguo, marcado por defasagens entre ideais e práticas, por contradições políticas entre as nações modernas e as colônias, por tensões internas entre grupos econômicos e políticos e por limites insuperáveis entre a relação entre liberdade e igualdade. De dentro do processo moderno, as contradições elevavam-se e mostravam-se em direções diversas, sendo as mais nítidas: a exploração econômica dos países modernos sobre os pobres, os retrocessos da liberdade nos regimes autoritários e a manipulação das consciências no processo de produção-consumo. Em todas essas contradições, o sujeito é suplantado ou pelo individualismo ou pelo comunitarismo massificante.

O resultado tardio da contradição configura um regime aparentemente contraditório, no qual o indivíduo prevalece como centro de si mesmo, porém, encaixado em um regime que o absorve como peça autômata, e não como indivíduo autônomo. Individualismo e massificação são edificados como partes de um mesmo todo organicamente funcional. Nesse sentido, o individualismo é resultado não de um exercício equívoco da liberdade que termina na egolatria, mas de uma assimilação passiva do jogo da produção--consumo, em que o desejo individual se encaixa como dinamismo que reproduz, no âmbito individual, os mecanismos globais da produção-consumo. O individualismo consumista é um modo de ser cada vez mais comum na atual era moderna. Configura um modo de ser inseparavelmente individual-coletivo, em que desejo--produção e consumo-satisfação fecham um ciclo virtuoso (para o mercado de consumo) ou vicioso, se se pensa no destino da autonomia individual. Por essa razão, esse regime é definido por Gilles Lipovetsky como hiperindividualismo.

O individualismo consumista é autossuficiente e torna-se o epicentro do comportamento individual/coletivo nos múltiplos aspectos. O absoluto, a partir do qual tudo se estrutura, chama-se "indivíduo satisfeito" e, desse centro, decorrem os valores, as escolhas e as vivências. O que não entrar no ciclo satisfação-consumo, seja o mercado de produtos materiais, seja os valores simbólicos, será descartado como desnecessário ou como incômodo a ser evitado. A cultura da indiferença e do descarte, de que fala o Papa Francisco, é a expressão dessa postura autocentrada e isolada. É nessa dinâmica que adquire relevância somente o que não exigir sacrifícios da parte dos indivíduos. A regra do maior benefício (maior satisfação) com menor custo (menor exigência) estrutura e regula a vida em todas as suas dimensões.

Lipovetsky fala também da prevalência atual de uma "ética indolor", ou seja, daqueles valores que não exigem esforços individuais, mas que, ao contrário, confirmam ou reforçam os egos satisfeitos e em permanente busca de satisfação. A crise dos valores comuns, a desvalorização das coisas públicas e dos direitos humanos, a relativização das normas objetivas e das relações simétricas entre o eu e o outro, o recuo da indignação perante a pobreza e a rejeição a todas as fobias, resultam dessa postura autocentrada na individualidade. No fundo de todos os relativismos sobra o absoluto do sujeito com seus desejos, interesses e valores. O espaço comum vai sendo deteriorado em seus valores, instituições e dinâmicas de funcionamento. Como explica o sociólogo Alain Touraine, a vida social torna-se um aglomerado de indivíduos isolados (dessocialização), a política perde a força como espaço de atuação pública (despolitização), as instituições públicas são enfraquecidas (desinstitucionalização) e os valores comuns comunicados pelas tradições entram em declínio (destradicionalização). O que sobra dessas objetivações é o que possa contribuir com a plena satisfação dos indivíduos. A velha ordem é questionada e modificada ou desfeita sem receios e sem dramas.

2. O individualismo religioso

O comportamento religioso reproduz na esfera e na linguagem religiosa essa postura estruturante da vida atual. O individualismo religioso coloca o indivíduo como centro, critério, origem e fim da experiência religiosa, de forma que a busca da experiência mais intensa, capaz de satisfazer os desejos – os que nascem das necessidades e os que as excedem na procura da plenitude –, vai tornando-se a dinâmica regular. Trata-se de um individualismo que opera: (a) na identificação da emoção com a fé e abre um espaço necessário para a euforia, o êxtase e a experiência do extraordinário; (b) na redução da experiência religiosa ao momento presente, sem lugar para reservas utópicas; (c) na utilização do religioso como fonte e estratégia de solução, por meio dos rituais que trazem cura e prosperidade; (d) na espiritualidade do prazer que dispensa a ascese e o sofrimento como dimensões da vida; (e) na autossuficiência do eu espiritualmente satisfeito que dispensa a referência ao mundo social como parte da vida religiosa; (f) na interpretação autocentrada na emoção religiosa, em detrimento da interpretação crítica; (g) na assimilação do indivíduo pelas dinâmicas grupais (a doutrina, os símbolos, os rituais), em detrimento da autonomia pessoal; (h) na reprodução individual da verdade e do *éthos* grupal, sem discernimento crítico; (i) na reprodução de participações passivas que seguem e curtem as orientações de lideranças escolhidas como referências de verdade religiosa.

O individualismo religioso tem raízes históricas no *éthos* reformado, que entende a vida cristã como experiência radicada no indivíduo que crê. A fé se reduz cada vez mais em um problema do indivíduo com Deus, sem a necessidade da mediação hermenêutica da Igreja. A solidão religiosa é uma das decorrências dessa postura, é a preparação do espírito individual para exercitar-se na atividade produtiva, explica a teoria weberiana. Fora do amparo/exigências da mãe Igreja, o indivíduo inseriu-se na maternidade secularizada do capitalismo: da produção e do consumo. O pentecostalismo parece ter operado no caminho inverso, o do retorno para o religioso ou para o amparo do religioso, de forma que, agora, no seio de uma comunidade capaz de saciar cada fiel, encontra seu regaço e se alimenta a cada culto dos benefícios oferecidos por Deus. A individualidade religiosa reproduz a individualidade econômica pela dinâmica da prosperidade.

O individualismo religioso construído e expandido pelos movimentos pentecostais – presentes nas diversas matrizes confessionais cristãs – fornece o motor propulsor de um eu imediatamente agraciado: conforto tanto para os carentes das necessidades básicas quanto para os satisfeitos, porém desejosos de plenitude. Para os primeiros, o desejo saciado em cada culto e lançado no ciclo da promessa a ser realizada, ocorre uma inversão perversa, quando o desejo compensa ou suprime as necessidades básicas. Para os segundos, a inversão é sofisticada na satisfação ilimitada dos desejos que se tornam em escala crescente sinônimos de necessidade. Na gramática religiosa pentecostal, a decisão de Eva concretiza-se como busca ilimitada de satisfação: comer do fruto para ser igual a Deus. O caminho individualista é impulsionado por um eu que avança em uma escalada narcísica de busca incessante de uma satisfação plena alienante, que nasce de falsas promessas e de rituais simuladores de felicidade, ainda que tudo seja traduzido em termos religiosos: bênçãos, graça ou milagre.

Não por acaso, o Papa Francisco denominou a tendência individualizante nas comunidades eclesiais atuais como "novo gnosticismo", ou seja, como "uma fé fechada no subjetivismo", em que apenas interessa o que conforta e ilumina individualmente, mas "em última instância a pessoa fica enclausurada na imanência de sua própria razão e dos seus sentimentos" (EG, 94).

3. A antissinodalidade do individualismo religioso

Para todo tipo de individualismo, a responsabilidade coletiva é desperdício de tempo e de energia, uma vez que as coisas acontecem de cima para baixo, por meio de uma oferta mágica do que se deseja. O individualismo opera no modo ter e não no modo ser: acumular bem-estar e não crescer na relação com os outros. Nessa psicologia, cada indivíduo encontra-se inserido em uma totalidade na qual se dissolve como parte disposta a receber para si os benefícios desejados. A participação é sinônimo de apropriação privada de bens, no caso religioso, de bens espirituais. Sou satisfeito, logo existo. Eis a regra básica. Participar é receber e, por isso, os testemunhos das graças e milagres têm uma função social integradora de revelar como cada agraciado é uma peça importante no conjunto. Ser agraciado é empoderar-se dentro do grupo. Quem não recebe nada, não pertence ao corpo dos salvos e, portanto, ainda não atingiu em sua fé individual o *status* mais elevado de liderança dentro do grupo.

A dinâmica da sinodalidade é comunitária e trabalhosa, na medida em que exige participação ativa dos vários sujeitos eclesiais e discernimento em torno das questões que interessam a toda a comunidade eclesial. Na Igreja sinodal, cada fiel é sujeito crítico, criativo e ativo. Pode ser um ideal distante, mas há de ser a meta permanente que exige de todos e de cada um o esforço de encontrar os rumos condizentes com a fé (com os valores que fundamentam e agregam a comunidade de discípulos e missionários) e com a razão (a interpretação, os projetos e as estratégias mais coerentes e adequadas). Não há sinodalidade sem compromisso comunitário, onde o eu e o outro estabelecem uma relação de reconhecimento e de diálogo que supera todas as formas de isolamento. Sem essa eclesiologia fundamental, a questão da sinodalidade não tem sentido.

O individualismo religioso reproduz, em registro espiritual, o individualismo consumista dinamizado no ciclo desejo-satisfação--desejo... que se encaixa no sistema cultural operado no ciclo *oferta-experiência-oferta...* O indivíduo autômato do consumo é refletido pelo autômato religioso, membro do sistema que integra, em sua totalidade, cada qual com seus desejos sempre aguçados a querer mais: mais emoção, mais salvação, mais milagres, mais aprofundamento espiritual, mais prosperidade... Não há reserva utópica que permita o sossego do espírito em sua contingência e que possibilite enxergar as dívidas éticas do tempo presente. O mundo do individualista religioso é estável como a mãe é a segurança e a estabilidade nos vínculos primários da criança. Não há nada a fazer para transformar politicamente a sociedade nessa cosmologia estável, a não ser pedir a salvação de um líder capaz de oferecer a solução salvífica, seja Deus, seja um enviado seu. Toda renovação advém, portanto, de uma força e de uma liderança superiores, de uma fonte única que pode solucionar as dores e os sofrimentos e construir outro mundo. Essa percepção teocrática fundamenta e perfaz o individualismo religioso e dispensa, muitas vezes, a ciência e a política como caminhos e ferramentas transformadoras, construídos pelo ser humano em cada contexto.

Para tanto, as teologias pessimistas ocupam lugar privilegiado nas experiências individualistas, na medida em que situam cada qual como ser decadente, lançado à sorte do mal presente no mundo e agarrado tão somente ao que lhe resta: uma solução que venha do alto. A alma desejosa anseia por libertação, que se reduz, em última instância, na relação indivíduo-Deus, presentificado na relação indivíduo-sacerdote, e que dispensa a construção (edificação) da comunidade eclesial como tarefa de todos e de cada um. A teologia da comunhão-participação, agora retomada como chave para compreender e impulsionar a sinodalidade pelos diversos sujeitos eclesiais, é lida em chave individualista como integração-submissão, em que cada um se posiciona como reprodutor de uma igualdade niveladora: as mesmas ideias procedentes de um mesmo líder. O individualismo é, nesse sentido, uma dimensão que compõe todas as formas de massificação, espécie de dinâmica gregária que identifica sem distinção as singularidades individuais com a coletividade.

Na perspectiva psicanalista, o individualista religioso é integrado no regime da dependência à mãe – no caso, a comunidade eclesial a que pertence –, que provê e sacia cada fiel com suas graças. A integração do indivíduo é de tal ordem que ele se sente pleno como membro do grupo, receptivo a tudo que vem da autoridade, reprodutivo de todas as verdades experimentadas como salvação imediata. Nada a construir em termos de participação comunitária. Para o individualista, participar é receber, para si, aquilo que Deus oferece em cada experiência religiosa refeita em cada culto ou em cada momento de espiritualidade. Nesse sentido, a questão da sinodalidade não constituirá jamais um problema concreto que exija conversão eclesial de todos, a começar dos pastores. O mundo da Igreja é um mundo acabado, composto de convertidos, e cada líder, em seu grupo e com seus seguidores, constitui um mundo autorreferenciado de portadores da salvação e da verdade.

Portanto, para a experiência religiosa individualista: (a) não há o que fazer, apenas se deve usufruir dos benefícios oferecidos por Deus no grupo a que pertence cada fiel; (b) não há projeto comunitário a ser realizado, apenas aquilo que insira os indivíduos em um mundo de experiências práticas, conduzido por lideranças habilitadas: ungidas; (c) não há o que construir, uma vez que tudo já foi oferecido por Deus e se reproduz como verdades nos magistérios das lideranças; (d) não há o que esperar, uma vez que a experiência imediata satisfaz e completa; (e) não há o que discernir criticamente, uma vez que a verdade é transmitida pelos líderes ungidos por Deus como uma autoridade que reproduz uma doutrina única e imutável; (f) não há necessidade de renovação da Igreja, uma vez que ela é perfeita e capaz de oferecer aquilo que os indivíduos buscam; (g) não há necessidade de uma comunhão eclesial que se exercite nas esferas instituídas, uma vez que cada grupo que integra os indivíduos constitui uma unidade eclesial autossuficiente.

A experiência individualista alimenta-se de uma ilusão de exercício autocentrado da fé. De fato, cada indivíduo consumista reproduz as promessas de prosperidade do mercado. O consumista de ambos os mercados (do econômico e da religião) é um prisioneiro do próprio desejo de satisfação, o que o torna dependente de um ciclo incessante de procura do preenchimento de um vazio, a partir de uma fonte saciadora que deve oferecer, a cada busca, o produto mais completo e eficiente. A ilusão da satisfação plena, que deveria ser controlada pela religião (com a mensagem da contingência radical), torna-se o dinamismo que poderá conduzir ou para o afogamento no poço de Narciso ou para a expulsão do paraíso.

***

O individualismo afirma uma condição humana anterior à vida social organizada e instituída nos valores, normas e práticas comuns. É uma postura que nega o comum e dispensa o outro. A crise das instituições clássicas é o outro lado da moeda do individualismo. Na sua vertente religiosa e civil, conduz a uma volta aos fundamentos pré-modernos: à família patriarcal como base da sociedade, à pátria como sentimento primordial anterior ao Estado, com suas regras, à experiência como fundamento primeiro da vida religiosa e à divindade como poder que edifica o poder político. A sinodalidade é um mecanismo comunitário, social e político que diz respeito à comunidade crente, composta de sujeitos livres e responsáveis na vivência e no exercício da fé. Não responde, desse modo, às dinâmicas do individualismo religioso, assim sintetizado pelo Papa Francisco:

[...] cresce o apreço por várias formas de "espiritualidade do bem-estar" sem comunidade, por uma "teologia da prosperidade" sem compromissos fraternos ou por experiências subjetivas sem rostos, que se reduzem a uma busca interior imanentista (EG, 90).

O individualismo não se organizará como uma frente política que vise emperrar o processo sinodal e a conversão à sinodalidade, o que seria uma contradição com respeito à própria noção. Será, por certo, um obstáculo cultural, uma prática mais ou menos comum que dispensa a sinodalidade como necessária para a vida comunitária e, por conseguinte, para a vida de fé. Essa postura gera, sim, letargia e indiferença a projetos políticos e eclesiais que convoquem o fiel a participar, que demandem esforços de reflexão e de ação. Os individualistas não são nem contra nem a favor da sinodalidade, assim como não são contra nem a favor da vida comum: dos valores comunitários, políticos e sociais. São sempre a favor da experiência religiosa mais intensa, vivenciada a cada culto e a cada oração.

O avanço dessa postura, pelos movimentos pentecostais, vai consolidando uma cultura da indiferença aos projetos renovadores da vida eclesial, nos âmbitos locais e também universais. Serão, por certo, capazes de repetir, sobretudo, aquilo que vier de uma autoridade religiosa, mas permanecerão na autossuficiência de seus desejos místicos em busca de satisfação.

VII

As bolhas e os magistérios

A dinâmica da sinodalidade significa, por um lado, a busca da comunhão participativa na Igreja e pressupõe, portanto, a postura de acolhida e de interação construtiva entre as diferenças que compõem a comunidade eclesial: singularidades dos diversos sujeitos eclesiais, que podem ser sujeitos individuais ou coletivos (diversos grupos eclesiais). Contudo, por outro lado, a comunhão pressupõe na mesma medida e com a mesma força o *consensus fidei*, ou seja, uma base comum daquilo que todos creem e vivenciam como comunidade de seguidores de Jesus Cristo. O cristianismo foi sendo construído em sua identidade precisamente nesse esforço de definir o que era essencial para manter, em cada tempo e lugar, a fidelidade ao seguimento de Jesus, quando a unidade era buscada entre as diferenças, e essas afirmadas como singularidades que compunham e dinamizavam o mesmo corpo.

A longa tradição cristã representa precisamente o processo de transmissão dessa identidade, de forma a tornar o carisma original oferecido por Jesus Cristo sempre atual: compreensível a cada geração, coerente com os seus princípios, importante como projeto de vida. A distinção entre tradicionalismo (repetição de uma verdade imutável) e tradição (transmissão sempre fiel e renovada) se mostra importante para uma consciência histórica que acolhe o dom da fé como um processo sempre vivo, que vai sendo interpretado em cada contexto.

A sociedade atual estrutura-se e dinamiza-se como sociedade plural. Esse valor reconhecido pela Igreja como positivo, desde o Vaticano II, relaciona-se com o fenômeno do pluralismo e do relativismo. O pluralismo gera relativismos e dogmatismos, como posturas opostas que oferecem interpretações e estratégias para lidar com as diferenças que compõem a vida atual. O relativismo coloca todos os valores na mesma vala comum, onde tudo vale e nada vale, uma vez que cada grupo e cada indivíduo pode escolher seus modos de pensar e de viver, de acordo com suas convicções. O relativismo ocorre hoje dentro da Igreja em uma combinação aparentemente contraditória, como aglutinação de dogmatismos. A cada cabeça uma sentença. A cada grupo uma verdade e, até mesmo, um dogma. Nada de novo, sabendo que é precisamente no seio da sociedade democrática que têm lugar grupos intolerantes e antidemocráticos.

O fenômeno das bolhas sociais que hoje se mostra mais visível e operante através das mídias e, sobretudo, das redes sociais, exibe *performances* sociais, políticas, culturais e religiosas que elevam ao grau máximo as possibilidades de isolamento e agregação em grupos identitários autossuficientes, incluindo autossuficiência no campo da doutrina cristã católica. Em suas tradições católicas, as bolhas afirmam posturas autossuficientes que podem dispensar os projetos eclesiais globais, como é o caso da sinodalidade.

1. O fenômeno das bolhas

As microssociedades estruturadas no interior da sociedade global acompanham a história da civilização. Por razões étnicas, políticas ou religiosas, indivíduos se agregaram formando grupos autorreferenciados, com regime de vida relativamente autônomo, em relação à ordem social mais ampla. Nesse sentido, pode-se falar em bolhas clássicas, como as das sociedades secretas, dos monastérios e das corporações, e em bolhas modernas, como as de determinadas seitas religiosas, partidos políticos mais radicais ou das chamadas tribos urbanas.

As atuais bolhas sociais nascem das condições modernas do pluralismo que oportuniza a organização de grupos identitários em função das mais variadas causas, das tecnologias de comunicação que possibilitam formas de contato e associação desterritorializadas e anônimas e das crises que provocam agremiações em torno de causas políticas ou religiosas, como forma de adesão crente que promete soluções.

As novas bolhas constituem um fenômeno recente que, não obstante a eficiência agregadora e a expansão quase ilimitada, provoca interrogações sobre a legitimidade de seus propósitos e as consequências culturais e éticas sobre o *modus vivendi* que inaugura, longe das regras tradicionais de socialização e, muitas vezes, fora dos controles sociais e das regulamentações legais. As bolhas sociovirtuais instauram um jeito de se relacionar, de valorar, de pensar e de agir que se firma cada vez mais como mais usual e natural, de modo particular entre os estratos sociais mais jovens. Contudo, há que pensar em outras bolhas que conservam sua relevância para outras gerações e, também, para grupos que se associam por razões profissionais ou familiares. Em todos os casos, o dado associativo adquire um caráter central nas relações, proporcional à agilidade das informações e à reprodução dos fatos e das verdades. As bolhas sociais atuais são experiências novas de socialização que evidenciam o poder do consenso, da centralidade do receptor-ator, a função determinante dos líderes, as possibilidades de vinculação e desvinculação, a irrelevância da distinção entre o próximo e o distante, a indistinção entre o público e o privado e a relativização da distinção entre o falso e o verdadeiro (Santaella).

A modos tipológicos poder-se-ia falar em bolhas territoriais (as torcidas organizadas, as chamadas tribos urbanas, as seitas religiosas e políticas), bolhas midiáticas (os fãs clubes clássicos, os espectadores fiéis e as Igrejas eletrônicas, incluindo as de viés católico, hoje em alta) e bolhas digitais (com suas inumeráveis identidades, métodos e formatos tecnológicos).

Além dos aspectos destacados, vale frisar, ainda, algumas tendências negativas das bolhas sociovirtuais: (a) a dinâmica agregadora, que vincula, de forma indistinta, individualidade e coletividade como polos de uma totalidade, em que o indivíduo localiza-se como polo reprodutor do padrão coletivo, espécie de "sujeito passivo", simultaneamente ativo e passivo, que "pensa com os dedos"; (b) a dinâmica cognitiva, que configura um modo de representar e transmitir informações como verdades, sem os clássicos mecanismos de verificação lógica ou empírica, de onde adquirem lugar natural as *fake news* e as conspirações; (c) a dinâmica social autocentrada, operada nas relações homofílicas (amor ao igual), que suplanta qualquer confronto positivo ou negativo com as diferenças, como em outras comunidades; postura que se torna regra no mecanismo simples da exclusão/inclusão dos membros do grupo; (d) a dinâmica crente, que se mostra na adesão, permanência e militância fiel dos membros, em uma relação de confiança inabalável nas mensagens recebidas-transmitidas e na fidelidade aos líderes dos grupos, assumidos como mestres e gurus nominais, e, na hipótese mais caricata, aos líderes anônimos ou robôs; (e) a dinâmica moral expressa na postura individual-grupal, que vivencia e transmite valores próprios, defende a liberdade irrestrita de expressão, sem controles sobre os conteúdos veiculados, consolida personalidades fanatizadas que se negam a dialogar ou ser criticadas, afirma padrões comportamentais intolerantes; (f) a dinâmica do anonimato, que permite ao grupo sobreviver em um universo paralelo ao mundo social das regras instituídas, das famílias e das religiões, de forma a praticar com excelência os mecanismos atuais da despolitização, dessocialização e da destradicionalização.

2. O real e o virtual

Para muitos especialistas, as bolhas virtuais trariam de volta a velha questão platônica do mundo sensível e suprassensível. Estaríamos em uma alegoria da caverna invertida: presos no mundo virtual autossuficiente, paralelo e muitas vezes oposto ao mundo real, particularmente no tocante à noção de verdade e de valores morais. As bolhas sociovirtuais configurariam uma realidade nova que recria a verdade com a pós-verdade, a proximidade com o anônimo, a carnalidade com a ideia de outro e a universalidade com a homofilia. A distinção entre o real e o virtual ainda constitui um problema que chega às raias da metafísica, quando se afirma que a virtualidade instaura outro tipo de realidade, agora "realidade virtual", e que adquire uma natureza política relevante, já que, muitas vezes, condiciona o próprio mundo territorial. De toda forma, é inegável a existência de dois mundos com duas realidades que se relacionam para o bem ou para o mal. Os desafios éticos são reais e exigem discussões acaloradas sobre a liberdade de expressão, a distinção entre o falso e o verdadeiro, o lugar do outro nas relações, a tolerância-intolerância, a divulgação e a justificação de uma cultura do ódio etc. Não estamos, de fato, vivenciando um mundo novo carregado tão somente de possibilidades de comunicação, de tecnologias que permitem superar o trabalho presencial, de veiculação de informações que rompem os controles autoritários e de aproximação do distante, mas um mundo que terá que encontrar meios de ser *fratelli tutti*, como exortou o Papa Francisco.

O papa insiste, em sua encíclica (n. 43), no efeito desumano das relações virtualizadas e individualizadas.

> Além disso, "os meios de comunicação digitais podem expor ao risco de dependência, isolamento e perda progressiva de contato com a realidade concreta, dificultando o desenvolvimento de relações interpessoais autênticas". Fazem falta gestos físicos, expressões do rosto, silêncios, linguagem corpórea e até o perfume, o tremor das mãos, o rubor, a transpiração, porque tudo isso fala e faz parte da comunicação humana. As relações digitais, que dispensam da fadiga de cultivar uma amizade, uma reciprocidade estável e até um consenso que amadurece com o tempo, têm aparência de sociabilidade, mas não constroem verdadeiramente um "nós"; na verdade, habitualmente dissimulam e ampliam o mesmo individualismo que se manifesta na xenofobia e no desprezo dos frágeis. A conexão digital não basta para lançar pontes, não é capaz de unir a humanidade.

Na mesma direção, em seu livro *Estranhos à nossa porta*, o sociólogo Zygmunt Bauman comenta de modo contundente a distinção e a relação entre o virtual e o real nesses termos:

> A vantagem da alternativa on-line sobre a existência off-line está na promessa e na expectativa de se libertar de desconfortos, inconvenientes e aguras que atormentam os habitantes desta região; numa perspectiva de libertar-se das preocupações. [...] Tirando-se do caminho as irritações provocadas pela

complexidade do mundo, toda tarefa parece bem mais fácil e menos árdua de concretizar. Se a tentativa de realizá-la é considerada um esforço doloroso demais ou se mostra irritantemente lenta no que se refere a produzir resultados, ela pode, sem estresse nem remorso, ser abandonada e substituída por outras... (BAUMAN, 2017, p. 103).

O descarte do outro é a consequência possível que, exercitada no mundo virtual, prepara para a sua execução no mundo dos próximos de carne e osso. As redes sociovirtuais trazem consigo grandes desafios para a convivência humana agora global e local (glocal). As possibilidades de comunicação ali oferecidas são incomensuráveis e contribuem como ferramenta indispensável para todas as relações humanas em nossa era. A relação entre as realidades virtuais e territoriais ainda busca modos sustentáveis e justos de regular a convivência humana. O virtual não constitui a encarnação do mal, concretiza-se como um mundo que ainda goza da autonomia organizativa, para além das regulações que garantem a convivência humana local e global. A relação circular entre os dois mundos é um dado consolidado. Se, de um lado, a vida digital se apresenta como novo modo de produção (capitalismo digital), como oficina de trabalho e sala de aula, como comunidades de cidadania e de afinidades religiosas, por outro, será do mundo já estruturado como sociedade de civilizados e como estado de direito que poderão advir os consensos e as regras para a vida digital. O paralelismo deverá ser superado sob todos os aspectos.

3. As bolhas católicas

As diversas redes de televisão católicas têm construído bolhas eclesiais, na linha das *Igrejas eletrônicas* pentecostais analisadas por

Hugo Assmann na década de 1980. A relação estável entre pastores e fiéis, a pregação catequética e, no caso católico, os rituais, incluindo, sobretudo, as celebrações eucarísticas, constroem laços de fidelidade e experiências espirituais, além de propiciar aprendizado catequético. A cada canal/programa, uma telecomunidade; a cada líder, um grupo de fiéis. As Igrejas eletrônicas católicas já são estáveis no Brasil e proporcionam participações efetivas de membros, sobretudo, da terceira idade, desde as suas condições pessoais até às domésticas. O traço comum de todas elas parece ser o vínculo com uma localidade religiosa, quase sempre um santuário. Contudo, já se tornou lugar-comum não somente a participação litúrgica nas celebrações televisionadas como também a participação ativa em sacramentais (caso das bênçãos da água) e em recitações do rosário. Essa fidelidade tem sua expressão mais real em dois aspectos: o da formação catequética, pela qual a palavra do pregador é comunicada como verdade, e o da participação nas campanhas de contribuição e até mesmo de dízimos. Há inegavelmente uma relação virtualizada com ofertas religiosas e a construção de uma relação de fidelidade entre os ouvintes e os pregadores. Essa relação constrói laços individualizados – fiel-pregador-liturgo – e consolida cada vez mais um mundo paralelo àquele estruturado nas comunidades de base e nas paróquias. A experiência religiosa midiatizada nem sempre remete a relações eclesiais e, sobretudo, a decorrências sociais da fé.

As bolhas sociovirtuais configuram mundos autorreferenciados e mundos autossuficientes. Esses mundos habitam por dentro ou acima/abaixo dos mundos instituídos como sociedade regular, estruturada em normas e padrões de convivência. As religiões propensas, por natureza, a estruturar bolhas, das antigas às novas seitas, já se encontram operando nessas novas dinâmicas imiscuídas em alguma medida nas virtualidades e nos vícios aí presentes. Não se trata apenas de um veículo de comunicação ou de uma forma alternativa de organização de grupos eclesiais vinculados às suas confissões, mas de verdadeiras comunidades religiosas. Depara-se, de fato, com um fenômeno de "comunidades eclesiais" virtuais, versão atual dos grupos de reflexão ou grupos de rua (?), embora careça das relações comunitárias reais, da eclesialidade vivencia-da como amor ao próximo e ao inimigo e não como homofilia e de base pelo caráter desterritorializado. No entanto, o mecanismo exerce uma função agregadora que constrói relações imediatas e diretas entre os membros, antes (e acima) das relações familiares, antes (e acima) das relações comunitárias eclesiais, antes (e acima) das informações veiculadas pelas mídias convencionais e antes (e acima) dos ordenamentos normativos culturais e legais.

As comunidades "eclesiais" virtuais são um fato concretizado nas redes sociais. Ali os grupos se apresentam, de fato, como autênticos membros da tradição católica, associam-se por vínculos de fidelidade e reproduzem os ensinamentos veiculados pelos líderes. E, como observou Bauman, a vida eclesial *on-line* precede a vida *off-line* como referência social mais básica e vivenciada com vantagens pela comodidade que oferece aos desejos religiosos individuais satisfeitos com as ofertas religiosas. Ademais, trata-se de comunidades que operam em uma temporalidade contínua, diferentemente do vínculo sazonal (quase sempre semanal) das comunidades territoriais. A possibilidade de vínculo contínuo com o grupo-líder religioso possibilita a conformação mais efetiva e profunda do membro como um fiel reprodutor das ideias e das práticas ali veiculadas. Não há limites de tempo e de espaço para as participações e, longe das exigências das relações comunitárias, a vida de fé gravita em torno dos desejos religiosos saciados e das convicções confirmadas. A homofilia é mais determinante para a perseverança no grupo do que o amor ao próximo, mesmo que o amor circule como conteúdo na boca dos pregadores. É possível ser comunidade religiosa virtual sem vínculos com as pessoas concretas e sem a experiência do amor para com o outro e o incômodo amor aos pobres que residem longe de todas as bolhas.

Não por acaso, as bolhas eclesiais são habitadas majoritariamente por grupos católicos tradicionalistas, para os quais as ideias são mais importantes que a vivência, e a conservação da ordem social, política e religiosa se torna uma causa que deve rejeitar todo propósito de mudança. A vivência de uma autossuficiência religiosa não participa efetivamente das agendas eclesiais mais amplas, que dizem respeito às Igrejas locais, nacionais ou mesmo universal. Ademais, a participação pode acontecer, porém, não mais como tradução seletiva dessas agendas.

As bolhas católicas agregam adeptos a partir de duas matrizes principais, ora mais distintas, ora misturadas nas ofertas religiosas: nos discursos e nas ritualidades. A primeira matriz é a pentecostal, centrada no indivíduo e na emoção religiosa e nas experiências fundadoras do paradigma: o Batismo no espírito, os dons do Espírito (línguas e curas) e, um pouco mais tarde, o exorcismo. A segunda é a tradicionalista, que afirma um modelo de pensamento e de vivência católica anterior às renovações conciliares. O encontro dessas posturas, em princípio antagônicas, cria um imaginário e uma prática religiosa ao mesmo tempo individualizada (em que o indivíduo é o centro da experiência religiosa) e tradicional (em que a objetividade da tradição e da doutrina é o centro). Na verdade, essa dinâmica revela aquilo que define os processos de massificação social constituídos por duas facetas inseparáveis, os indivíduos e a coletividade. Na massa não há sujeitos autônomos que buscam o consenso, sendo as individualidades incorporadas no todo e dele participando como membros passivos, receptores e reprodutores de verdades e normas comuns. A espiritualidade/devoção individualizada encontra seu lugar social nas objetivações tradicionalistas, que impõem suas doutrinas e normas como regras absolutas a serem vivenciadas e reproduzidas pelos membros dos grupos.

4. A sinodalidade e os magistérios

As bolhas católicas, como todas as demais, funcionam a partir de uma autossuficiência: de agendas, de doutrinas e de causas próprias, que gozam de exclusividade nos grupos-membros e se tornam verdade e regra para o conjunto. O que for externo à rotina ágil do grupo, que opera na lógica da informação contínua, será visto como desnecessário, indiferente ou falso, independentemente da fonte da qual proceda. Fora do grupo não costuma vir verdade. Por essa razão, as verdades dos grupos digitais descartam, sem ponderações, as diretrizes emanadas de documentos dos magistérios eclesiais locais ou universal. É o que Giuliano Da Empoli chamou de *engenharia do caos*, ou seja, existe uma tecnologia que divulga verdades mentirosas com grande eficiência e que se faz presente dentro da Igreja.

As comunidades virtuais constroem, desse modo, mundos paralelos aos processos eclesiais concretos, sendo, quando muito, um reflexo espontâneo deles e, quando não, um meio de afirmar as divergências entre os magistérios locais e universal. A relação digital não conhece regras de comunhão e participação efetivas e delas se dispensa com sua dinâmica desterritorializada e desencarnada. Basta ao grupo sua endogenia eclesial, a microigreja que constitui e investe na fidelidade da audiência ou na participação, pois, em algumas redes, o número de participantes é que rende maior ou menor dividendos aos seus líderes (literalmente, donos). Os padres atuantes nos canais do YouTube não revelam essa base econômica de suas empreitadas, naturalmente denominada "evangelização".

No tocante ao processo sinodal sobre a sinodalidade, o desafio do paralelismo comunitário tem seu correspondente no paralelismo doutrinal, em uma espécie de magistério paralelo que opera nas redes e, também, em muitas televisões católicas. O ensinamento de um líder – quase sempre um padre de figurino tridentino – tem eficiência incomparável aos ensinamentos dos magistérios locais e mesmo do magistério papal. A palavra do pregador é verdade, ainda que careça de bases teológicas ou esteja em rota de colisão com os ensinamentos da Doutrina Social da Igreja ou, então, reproduza leituras fundamentalistas dos textos bíblicos.

Os ensinamentos repetidos e disponibilizados nas redes são onipresentes e superam aqueles oferecidos quase sempre nas homilias dominicais e que pretendem ser eco da tradição e do magistério atual. Enquanto os ensinamentos papais conservam-se distantes e inacessíveis para a grande maioria dos fiéis e permanecem escassas as ofertas de formação para o laicato, as formações dos líderes religiosos virtualizados atingem um número gigantesco de seguidores. O magistério eclesial já perdeu a guerra no campo das reproduções catequéticas virtualizadas. A sinodalidade será interpretada segundo o gosto dos líderes dos grupos virtuais; será acolhida e reproduzida como verdade pelos membros fiéis dos grupos. A cada grupo, um magistério seguido fielmente.

***

As comunidades virtuais católicas funcionam com a mesma liberdade e eficiência que outras comunidades. A pluralidade religiosa e as tecnologias disponíveis possibilitam suas existências no interior da Igreja Católica. Esse dado cultural e eclesial desafia o *consensus fidei* ora de forma direta (no caso dos grupos assumidamente tradicionalistas), ora de forma indireta (no caso dos grupos inseridos na Igreja Católica). O Papa Francisco já havia constatado no início de seu pontificado: "Não ignoro que hoje os documentos não suscitam o mesmo interesse que noutras épocas, acabando rapidamente esquecidos" (EG, 25). Não somente o esquecimento faz parte das dinâmicas da sociedade da informação, operacionalizada pelo excesso e pela agilidade de conteúdos, como também a indiferença, tendo em vista o peso das novidades que tomam conta de nossas rotinas, incluindo as eclesiais. A liquidificação social constatada por Bauman ocorre dentro da Igreja. Já não faz mais diferença se o ensinamento é de um padre olavista ou do Papa Francisco, de um líder político ou da CNBB. O líder seguido por fiéis é a fonte da verdade, quase sempre reproduzida como infalível.

O processo sinodal com a causa da sinodalidade envolveu, com suas metodologias participativas, os diversos sujeitos eclesiais das diferentes esferas da organização eclesial. Contudo, foi um processo temporário que já começa a ser esquecido à medida que a rotina eclesial das comunidades e paróquias segue adiante, sendo que a maioria dos fiéis permanece conectada, em tempo contínuo, com líderes eclesiais das televisões católicas ou das redes sociais. Na Igreja *off-line*, os processos de informação são datados, de forma que a educação da fé é executada em espaços territoriais que aguardam a vinda dos fiéis e ocorre por meio de fragmentos dispersos, sobretudo nas homilias dominicais. Nas comunidades católicas *on-line*, a informação (educação) da fé é permanente, ainda que se dê por meio de fragmentos isolados, embora com estratégias de grande efeito.

A sinodalidade aponta para uma Igreja de carne e osso e, por conseguinte, encarnada na história e nas relações humanas concretas. O cristianismo construiu sua identidade em uma luta (teórica e prática) na qual a teologia da carne (do Verbo encarnado, da centralidade do amor ao próximo e das relações iguais entre as diferenças) suplantou a teologia da ideia das tendências filosóficas gregas. Ainda hoje a sinodalidade reclama por vivências comunitárias que superem os idealismos ou uma espécie de nova gnose que reduza a salvação a experiências virtuais desencarnadas. Sem encarnação na vida humana concreta, não há Igreja de Jesus Cristo. Sem comunidade concreta, não há sinodalidade e, sem sinodalidade, não há comunidade.

OBSTÁCULOS ESTRUTURAIS

VIII

O clericalismo

O clericalismo é, por definição, antissinodal. Para aqueles que se entendem como poder sagrado, ordem separada dos demais cristãos e centro da Igreja, a verdade religiosa está sob seus domínios e dispensa todo caminho de participação eclesial como desnecessário, como diletantismo teológico ou populismo pastoral. Para os clericalistas existe um mundo sobrenatural fixo, oferecido por uma Igreja pronta e estruturada por especialistas e leigos; essa ação exclusiva do clero é reproduzida por meio de um poder religioso que não somente comanda como também se identifica com a própria Igreja. Nesse sentido, o clericalismo é o componente político estrutural e operacional do eclesiocentrismo. O especialista investido de poder sagrado executa de modo natural as ações decorrentes da instituição autocentrada.

Vale esclarecer que clericalismo não é nem sinônimo nem exclusividade de clérigos, mas, ao contrário, se mostra como tendência eclesial que se expressa também nos sujeitos leigos, mediante a percepção de que as funções religiosas são poderes especializados e superiores aos "leigos no assunto", aos inabilitados, e que se encontram, por essas razões, em posição inferior. No entanto, as reflexões aqui expostas delimitam-se na relação entre clero e clericalismo e buscam os significados dessa tendência eclesial, que se torna cada vez mais representante da Igreja autocentrada em sua hierarquia e denunciada por Francisco como raiz de outras contradições eclesiais. O clericalismo origina-se – nasce e se perpetua – a partir da existência da dualidade clero-leigo, entendida como estruturante do corpo e das funções eclesiais. É da convicção de que sem clero não há Igreja ou de que esta nasce e sustenta-se em sujeitos clérigos que se perpetuam em um elo histórico, das origens do cristianismo a nossos dias, que a dualização sagrados e profanos adquire sua legitimidade e legalidade e desemboca em posturas autocentradas de poder religioso.

Se, por um lado, o clericalismo constitui uma deformação do clero, por outro, ele não existiria sem essa noção; é como a caricatura que é feita a partir de uma imagem real e não nascendo propriamente de uma invenção do nada. Até tempos recentes, o clericalismo se apresentava como uma espécie de virtude, tendo em vista a carga conservadora que encarnava e reproduzia em sua práxis. Com o Papa Francisco, foi adquirindo conotação negativa, como centralização das funções eclesiais que exclui a centralidade do leigo, do povo de Deus. É desse lugar eclesial atual que se pode detectar distintas concepções de clero, sendo o dualismo clero-leigo uma definição eclesial a ser superada; na verdade, já superada pela eclesiologia conciliar.

1. O lugar do clericalismo

A tendência clericalista, que conta com uma base estrutural e outra cultural na comunidade católica atual, torna-se cada vez mais visível e atuante como tendência e como modo de se comportar de determinados sujeitos clérigos. A tendência que se visibiliza e se expande, não obstante as críticas do papa, constitui, na verdade, uma postura bem mais conatural com o catolicismo do que se possa imaginar. Ainda que as críticas de Francisco sejam duras e proféticas, o clericalismo está instalado com relativo conforto na tradição e no *éthos* católicos. A postura fundamenta-se, ampara-se e reproduz-se na organização institucional católica estruturada como clero/leigo. É dessa dualidade de fundo que emerge como exacerbação do clero, vivenciado, então, como poder sagrado separado e superior aos demais fiéis. Trata-se, de fato, de uma estrutura instituída do ponto de vista canônico e burocrático, da qual decorre uma cultura eclesial revestida de padrões antigos e novos que subsiste não somente com naturalidade nas comunidades eclesiais como também como a forma mais correta de ser clero. Os clericalistas estão convictos de que essa maneira de exercer o ministério como casta de consagrados é o modo autêntico de ser clero, por ser a forma autêntica de ser Igreja. Postura tão antiga quanto nova. Antiga no conteúdo religioso e teológico, que dualiza a Igreja entre consagrados e não consagrados; nova na forma de composição cultural e de exercício de poder religioso.

De fato, a dinâmica clericalista está ambientada na cultura virtual, organizada em bolhas que instauram representações e práticas eclesiais atomizadas, igrejinhas dentro da Igreja, e individualizadas em personagens investidos de poder, de modo crescente de poder midiático. As figuras clericais adquirem um reforço como personagem midiático marcado por traços de espetáculo e magia, traços que rondam todo poder religioso desde os primórdios mais arcaicos. O poder de manipular a natureza e os fatos históricos por meios rituais define os sacerdotes de ontem e de hoje e lhes confere legitimidade. As mídias criam esses personagens de modo eficiente juntamente com seus consumidores fiéis. A possibilidade de conexão e expansão das redes de comunicação clássicas e novas permite novas formas de expressão do velho clericalismo, revestido sempre da aura de poder sobrenatural.

Em tempos de mudança, a criatividade conservadora tem um lugar regular dentro das narrativas, como estratégia para acolher o novo na moldura do antigo: transformando o novo em antigo e o antigo em novo. É quando, na verdade, o antigo vai sendo apresentado como o mais autêntico novo e o novo como ameaçador e como perigo à ordem e à verdade. O clericalismo renasce espontaneamente sob a condução de indivíduos que se apresentam como mestres de verdades autênticas paralelas e, muitas vezes, em oposição aos ensinamentos do magistério papal atual e do próprio Vaticano II. São vozes e posturas que sintetizam de modo inédito elementos tradicionalistas (na doutrina, nas normas transmitidas, nos rituais e nas estéticas), católico-populares (devoções, bênçãos, imagens) e pentecostais (orações espontâneas, emoção e prosperidade). Por certo, o caráter do poder mágico que encerra o personagem amarra as diferentes referências no mesmo discurso e na mesma prática. A relação direta do fiel com o clérigo, no modo virtual, reedita aquilo que define o sacerdócio como o distante-próximo que liga os mundos sobrenatural e natural, agora traduzidos em virtual e real, estabelece o canal por onde passa a graça (o milagre, a salvação e o bem-estar) e afirma a centralidade do líder como representante exclusivo de uma Igreja particularizada. O mundo virtual paralelo cria a Igreja paralela, e o ensinamento virtual do líder religioso torna-se sinônimo de verdade. O clericalismo renasce nas figuras atomizadas dentro da Igreja Católica e adquire nova força de liderança como poder religioso.

Com efeito, a cultura católica midiática, que se impõe como *modus credendi* e *modus operandi* eclesiais cada vez mais hegemônicos, exerce uma função fecundadora do conjunto da Igreja. O padrão clericalista se expande para as comunidades territoriais como estratégia vantajosa que constrói o próprio poder religioso e gera adesão numérica de fiéis. Ser clericalista torna-se uma tendência desejada pelos novos padres, que se empenham em aprender padrões de linguagem, de ritual, de estéticas e de doutrinas que dispensam a reflexão e o discernimento da longa tradição cristã-católica, o esforço de dialogar com as ciências, com as demais tradições religiosas, bem como o desafiante compromisso ético-social com a justiça. Esse personagem clericalista encena enredos doutrinais e rituais sintetizados em fórmulas simples e em padrões prefixados, para os quais pesam o menor esforço tanto para o emissor clérigo quanto para o receptor passivo, seus seguidores. Afinal, basta ao clérigo assimilar e reproduzir determinados padrões de doutrina tradicional, de norma moral, de rubricas rituais e de estéticas conjugados a domínios de cena midiática dirigida por critérios publicitários. De outra parte, por meio de seus figurinos e de suas mídias, os sujeitos clericalistas exercem um papel socioeclesial de maior alcance social que os clérigos inseridos pastoralmente nas comunidades, e, por essa razão, têm sido bem recebidos por muitos bispos como meio estratégico de evangelizar, angariar fiéis e recursos financeiros.

O jogo estruturante da sociedade atual configura modos de relacionamento que conjugam o territorial e o virtual, demarcação que encontra seu correlato na reprodução socioeclesial centrada no poder religioso. O mundo sobrenatural-virtual distinto do mundo real pode ser acessado pela mediação de personagens capazes de dispensar graças, acercando os dois mundos: aproximando o sagrado do profano, tornando o virtual real, sem os inconvenientes das relações interpessoais sujeitas a conflitos e exigências da moralidade comunitária. "Santo de casa não faz milagres", assim como clero da comunidade não faz sucesso. Desde a mentalidade religiosa mais arcaica, os santos – as divindades antigas, os santos católicos e mais recentemente os líderes pentecostais – habitam em um território sagrado e distante (normalmente nos grandes santuários), de onde jorram bênçãos especiais para os fiéis que para lá acorrem periodicamente com suas ofertas e promessas. Os personagens clericalistas encarnam e reproduzem essa consciência religiosa dualizada, a qual é muito religiosa e pouco cristã.

De fato, a Igreja *off-line* e a Igreja *on-line* parecem estar longe de uma real unidade eclesial nos termos da mais genuína tradição católica. Essa dualidade de dois mundos ou de duas Igrejas assume formas cada vez mais nítidas por meio das mídias católicas clássicas e, sobretudo, das redes digitais. A Igreja *on-line* atende às individualidades, seja na forma da recepção passiva das mídias clássicas, seja no reprodutivismo ágil das redes digitais. Nesse mundo *on-line*, cada indivíduo sai do mundo *off-line* a que pertence (feito de papéis e controles sociais) e entra em um mundo que lhe pertence e que lhe favorece, sem as exigências disciplinares de uma convivência comunitária feita na tensão entre o igual e o diferente.

O clericalismo é hoje praticado como uma frente ampla que se estende do clérigo integrado à estrutura eclesial àquele que se posiciona contra as renovações e contra o próprio Papa Francisco, bem como dos legitimamente instituídos aos cismáticos. Nenhum segmento eclesial está isento dessa práxis conservadora implícita ou explícita; ela pode estar presente entre bispos, presbíteros, diáconos e leigos em graus variados, formando personalidades típicas da tendência, ou reproduzir-se nos comportamentos de cada um em questões específicas. De modo geral, a tendência clericalista compõe uma comunhão conservadora de amplo espectro, que afirma e reproduz um modelo eclesial pré-conciliar e se afina com regimes políticos integristas e de ultradireita, hoje em expansão pelo planeta. De um núcleo duro explícito que se posiciona como resistência direta às decisões conciliares e ao magistério papal, expande-se em esferas mais amplas e mais "integradas" no corpo institucional. A postura pode ser desenhada em esferas concêntricas que se expandem na sequência: (a) núcleos nítidos compostos de personagens e grupos assumidamente clericalistas; (b) esfera mais ampla que se distribui pelo corpo eclesial em figuras clericalistas; (c) atitudes clericalistas reproduzidas por personagens moderados.

Contudo, o clericalismo de ontem e de hoje carrega uma marca fundamental, que separa de modo ontológico os clérigos e os leigos e reduz a vida eclesial a uma relação de agente e paciente, de poder religioso estabelecido sobre os sem poder e de uma comunidade eclesial estruturalmente estratificada. O que for dissonante desse serviço religioso eficaz e dessa dualidade estruturante será visto como desnecessário e, se colocado sob a perspectiva da crítica, será imediatamente rejeitado. Nesse regime, a sinodalidade não será mais que um discurso repetido por razões de sobrevivência do clero autocentrado, dentro do aparelho funcional da Igreja.

2. A dinâmica eclesial clericalista

O clericalismo atual é resultado de uma retomada de visões e projetos de Igreja anteriores ao Vaticano II; é fruto de percepções e de políticas eclesiásticas que visaram rever os rumos das renovações conciliares. Não se trata, portanto, de uma invenção inédita, ainda que revestida de formas novas de viabilização, nem de uma geração espontânea. A Igreja vivencia atualmente o resultado do que foi germinado, planejado e executado pela tendência eclesial, que se tornou hegemônica no aparelho eclesiástico e que pretendeu refazer as visões e práticas julgadas equivocadas desde as definições oferecidas pelo Concílio. O clericalismo é uma peça dessa retomada de uma suposta unidade perdida; peça central, capaz de reproduzir de modo fiel um projeto de Igreja autorreferenciado que teve seu cume na renúncia de Bento XVI. De fato, desde a eleição de Francisco, o que era visto como postura necessária e legítima de preservação da identidade católica, perante as dispersões internas e os perigos relativistas do mundo moderno, tem sido reconsiderado como vício eclesial. A autorreferencialidade eclesial necessariamente clericalista – clero autorreferenciado – está hoje sob o juízo histórico, teológico e pastoral das reformas empreitadas por Francisco.

Um novo perfil identitário de Igreja foi tomando forma e presença, à medida que nas décadas seguintes o modelo eclesial da renovação foi perdendo unanimidade e cedendo lugar a um perfil de cunho tradicional e cada vez mais tradicionalista. As análises de João Batista Libanio, no início da década de 1980, indicavam essa tendência de "recentramento" sob a condução do pontificado de João Paulo II. A fase da renovação ou das experiências renovadoras deveria ser superada por uma fase de identidade católica, em que o clerical gozaria de um lugar central. A afirmação da identidade católica, dispersada após o Vaticano II, tinha no clero seu epicentro seguro, de onde adviria a retomada da grande disciplina tridentina. O que naquele tempo soava como faro analítico do perspicaz teólogo foi tornando-se cada vez mais visível nas décadas seguintes. A identidade católica foi sendo afirmada como valor e projeto de resistência perante as ameaças modernas de dentro e de fora da Igreja. O autocentramento hierárquico era o porto seguro da fé cristã ameaçada. O clero era cada vez mais distinto do leigo e a comunhão eclesial tornava-se sinônimo de submissão às decisões da hierarquia. O distinto – clero e leigo – tornou-se cada vez mais sinônimo de um poder central, por onde passaria a doutrina verdadeira, transmitir-se-ia a tradição e manter-se-ia a ordem do conjunto. Esse autocentramento produziu um novo segmento clerical, composto curiosamente de padrões tradicionalistas e carismáticos, ou seja, fundado, simultaneamente, na objetividade institucional (na tradição e na regra fixa e universal) e na individualidade (na emoção religiosa e no espetáculo), e se tornou cada vez mais atuante e visível.

Esses dois modelos de cristianismo, ainda que originados de matrizes teológicas e eclesiais bem distintas, teceram afinidades e, quase sempre, somaram-se no perfil emergente e, por vezes, predominante do clero autorreferenciado atual. A tendência mais ou menos hegemônica de um clero renovador, configurada após o Vaticano II, tem recuado e repartido o campo religioso católico com um novo clero, marcadamente tradicional e em franca expansão e reprodução. A fusão paradoxal do tradicional com o carismático, em um mesmo perfil, revela, por certo, por um lado a mesma capacidade sistêmica do mercado que assimila as individualidades – com seus desejos e satisfações – no único regime global, e, por outro, a estratégia das mídias que fundem o velho e o novo, transformando o primeiro no segundo.

Para os clericalistas, a suposta segurança em determinada tradição combina com o mais explícito individualismo clerical, quando grupos se alinham a líderes adotados como autênticos chefes que se sustentam com vidas próprias. A cada líder, um grupo de seguidores e de curtidores imediatos e fiéis. A cada padre midiático, uma comunidade eclesial territorial ou virtual. A autossuficiência do discurso tradicional e verdadeiro aí veiculado dispensa o consenso eclesial que nasce do último Concílio, chave de leitura para os demais, e não o contrário. A reprodução da verdade anunciada pelas figuras clericais cria comunidades crentes para além do tempo e do espaço em que estrutura o consenso católico como magistério ordinário ou extraordinário. A cada líder grupal, um magistério particular. E a verdade de fé identifica-se com uma formulação do passado, com uma ritualística e com uma estética também do passado, e as bolhas eclesiais não se envergonham de afirmar em muitos casos que "são seguidores do Papa Bento XVI". O clericalismo pilota a tendência tradicionalista em suas tipologias diversas e alimenta a resistência direta ou indireta a tudo que se apresentar como renovação. Dessa resistência não escapam a CNBB, a Doutrina Social da Igreja, o Vaticano II e o próprio Papa Francisco.

É necessário ressaltar que os padrões tradicionalistas/clericalistas são reproduzidos por personagens atuais, dentro de condições históricas presentes. A suposta preservação de uma ordem do passado ocorre de modo bem ajustado na ordem presente, a começar de uma ordem econômica a ser preservada como imutável, fora da qual tudo se torna "comunismo". Os tradicionalismos (e o clericalismo) em alta não resgatam (nem podem fazê-lo, ainda que prometam) modelos do passado, mas oferecem representações do passado dentro de molduras culturais atuais, sabendo que toda tradição é inevitavelmente uma construção presente, um presente travestido de passado.

3. Dinâmicas sociorreligiosas

O clericalismo é um comportamento religioso presente nas grandes instituições religiosas. Essas se estruturam regularmente a partir do estabelecimento de papéis, quando a autoridade religiosa se mostra distinta do fiel comum como figura especializada e legítima que fala em nome do grupo. Com variados modos de representar seus fundamentos sagrados e seus processos de institucionalização, essa distinção acompanha as tradições religiosas de modo geral. A autoridade religiosa fala em nome do carisma fundante do grupo e a esse fundamento se apresenta vinculada de algum modo, por sucessão cronológica ou por ligação imediata que liga diretamente o presente às origens. Seja qual for o modo de vinculação, é por meio dele que a autoridade se institui e se distingue dos demais membros do grupo. Assim nasce a figura do líder, do especialista e da autoridade; em termos católicos, a figura do clero.

3.1 Clericalização do cristianismo

Mais ou menos rígida, essa distinção acompanhou a formação do cristianismo, ao que parece, desde as suas origens, o que já se pode observar nos distintos ministérios testemunhados pelos textos canônicos. A noção de apóstolos pode ser vista como a instituição mais arcaica da autoridade religiosa, distinta dos demais seguidores de Jesus, o Cristo. A figura dos Doze já revela o recurso à autoridade religiosa que fundamenta o novo Israel, os seguidores do Messias Jesus. Ainda que, nas primeiras comunidades, a distinção entre clero e leigo não existisse nem como visão nem como prática, parece ser necessário verificar que o cristianismo que nasceu como uma tendência do judaísmo foi buscando meios de organização, à medida que crescia numericamente e se distanciava de seus primeiros fundadores.

Não há dúvidas de que o processo de institucionalização do cristianismo acirrou a distinção entre as lideranças e os membros comuns da comunidade eclesial à medida que o tempo passava, contando com elementos tanto da hierarquia política romana quanto das hierarquias sacerdotais do judaísmo palestino. Juntamente com a fixação das doutrinas e das normas, os papéis religiosos são estabelecidos. A distinção entre os consagrados e os demais fiéis, desde então laicos, tornou-se não somente mais nítida como também, sobretudo, estruturante no conjunto da instituição católica. Após a inserção na geopolítica romana, o clero torna-se constitutivo da vida cristã e adquire fisionomias e dinâmicas reflexas do poder político; os ministérios eclesiais transformam-se em poder sagrado e, como tais, passam a gerir o conjunto da vida eclesial. O clero assim compreendido torna-se sinônimo de clericalismo, sendo que a distinção de funções vai sendo compreendida e praticada como ordens sociais distintas e, na essência, como modos de ser cristão ontologicamente diferentes. O resto da história se encarregou de consolidar a centralidade do clero na condução da vida eclesial. Mas foi precisamente o Concílio de Trento que desenhou e regulamentou a identidade clara e segura dos padres, em forte contraste com os leigos. A espiritualidade, as regras de vida, as funções pastorais, as rubricas litúrgicas e estéticas garantiram um perfil nítido que não somente contrastava o clérigo com a vida laica como também o afirmava como função e personalidade sagrada e superior, integrante da hierarquia maior, que tinha no Sumo Pontífice o ponto mais alto e o centro decisório.

3.2 A figura do clero

Esse processo de passagem de uma fase carismática original para uma fase institucional foi compreendido por Weber como regular nos movimentos religiosos e políticos. O carisma *in statu nascendi* rotiniza-se e vai sendo racionalizado e assumindo formas institucionalizadas em um corpo organizado. Nada de tão original no cristianismo e no catolicismo. Nesse sentido weberiano, o clericalismo seria, de fato, o resultado de um processo de racionalização da organização cristã, em que o espontâneo deu lugar ao estruturado, o participativo deu lugar à centralização, o carisma deu lugar ao poder. Desse processo não escaparia nenhum carisma que vinga na história, sob pena de dissolver-se em sua oferta original, na medida dos desgastes históricos. O cristianismo nasceu carismático, sobreviveu clerical e consolidou-se clericalista. Sua história é um exemplo emblemático da sociologia do poder religioso analisado por Weber. A Igreja Católica seria, de fato, a representante mais emblemática da burocratização religiosa que se mistura com as demais, que se identificam com o próprio Ocidente.

Mas foi Pierre Bourdieu quem expôs a dimensão estrutural e dialética desses modelos de autoridade religiosa, quando apresentou os tipos profeta e sacerdote como figuras que habitam a instituição religiosa como posições antitéticas que visam renovar (profeta) ou preservar (sacerdote). O sociólogo francês inseriu as tipologias weberianas em uma moldura dialética, superando uma possível diacronia da análise weberiana pela sincronia de sua perspectiva. A luta entre os tipos de autoridade compõe a dinâmica das instituições religiosas. Os profetas reformadores são o contraponto dos sacerdotes preservadores no interior da instituição que luta por apresentar-se como legítima representante de um carisma original. Nessa luta, os profetas refontalizam-se, voltam ao carisma e apresentam esse projeto como modo de renovar a instituição e como postura legítima de falar de suas fontes e de seus autênticos significados, enquanto os sacerdotes afirmam um vínculo tradicional – de geração em geração – com as mesmas fontes e, em nome dessa autenticidade conservadora, buscam os meios de preservar o corpo institucional de forma intacta e de reproduzi-la no tempo e no espaço.

3.3 A alma clericalista

O clericalismo não constitui uma simples tendência que compõe estruturalmente o poder religioso clerical católico, como forma de poder autocentrado que existe, portanto, por si mesmo:

como central na instituição, sagrado e superior aos demais. Essa posição sustenta-se com personalidades integradas em um sistema maior ou em um regime autocentrado em certa consciência de poder e autoridade. Há que pensar em um perfil de personalidade: de indivíduos ajustados em um tipo de comportamento centrado no que politicamente se identifica com autoritarismo. O poder vivenciado como mando de um superior sobre o inferior, de um sagrado sobres os profanos. Nesse sentido, o clericalismo afirma--se sobre essa distinção estrutural, ontológica e psicológica. É no posicionamento de poder que a personalidade clerical se define e se exerce. A relação entre os que mandam e os que obedecem demarca a postura clericalista no corpo eclesial, de forma que a consciência de um poder de mando, exercido em nome de Deus e da Igreja, sustenta sua práxis dessas personalidades. O que Erich Fromm definiu como "caráter autoritário" explicita com propriedade a psicologia clericalista. Esse caráter distinto e antagônico ao caráter autônomo define-se como forma de "vínculo secundário", com um sistema capaz de oferecer segurança a uma solidão do eu individual lançado à própria sorte desde a ruptura inevitável com os "vínculos primários" (do seio materno e do seio familiar providentes). É nesse sentido que ele afirma: "Ânsia de poder não se origina da força, mas da fraqueza". É nessa indigência que se assenta o caráter autoritário que se faz, então, como vínculo com o poder em duas direções: com o poder superior, no qual deposita toda a segurança buscada, e com o domínio do inferior, no qual exercita sua dominação. O caráter autoritário está sempre posicionado entre o superior e o inferior e, nessa posição, encontra sua razão de ser.

A personalidade clericalista é emblematicamente de caráter autoritário, na medida em que se vincula ao aparelho institucional eclesiástico e nele encontra sua identidade: os clericalistas encaram e reproduzem em suas personalidades os traços, as normas, os costumes e as rotinas imutáveis e seguras da instituição; são personalidades institucionais e canônicas que se recusam a viver o caráter autônomo, a liberdade doada pelo Evangelho em uma comunidade de fiéis seguidores de Jesus Cristo, como ensina o apóstolo Paulo. A passagem da vida na lei para a vida na liberdade constitui o itinerário do amadurecimento humano não somente na vida cristã como também no processo psicoafetivo de cada ser humano. Na perspectiva de Fromm, pode-se dizer que o clericalismo emblematiza, de fato, as pessoas que se alimentam da ideia do poder – no caso reforçado pela convicção de poder sagrado –, seja como submissão irrestrita a um poder superior, seja como comando de subalternos. Tanto o poder superior quanto os leigos subalternos são exigências de sustentação da personalidade clericalista: posicionada como mediadora indispensável entre superiores e inferiores. A reprodução fiel da norma superior sustenta a lógica autoritária como ordem segura que vem de cima e é transferida para os que estão localizados abaixo. Em uma práxis eclesial desse tipo, qualquer dinâmica de sinodalidade se mostra não somente como desnecessária ao modelo eclesial que se sustenta e se reproduz nos papéis hierárquicos, como também como um incômodo desestabilizador da regularidade psicoafetiva.

***

O clericalismo é uma postura mais natural ao *status* teológico e canônico do clero do que a sinodalidade. Embora seja uma deformação eclesial, nasce dentro da estrutura hierárquica católica, entendida como composição feita de consagrados e não consagrados (distinção teológica), de ordenados e não ordenados (distinção social e política) e de autoridades e não autoridades (distinção psicológica). A sinodalidade exige a mudança dessas distinções ontoteológicas e teocráticas. Sem essa revisão radical, a estrutura dualizada e canonizada traz de volta o clericalismo como postura decorrente do estruturalmente instituído e que não se soluciona com movimentos renovadores e com decisões voluntariosas de sujeitos proféticos. No fundo estão sendo confrontados percepções e modelos eclesiais distintos: um centrado e edificado na ideia de poder sagrado (separado, hierarquizado e centralizado) e outro na ideia de uma Igreja edificada na comunhão de iguais, em que toda função só pode ser exercida como serviço e a participação de todos os membros é uma ação impulsionada pelo próprio Espírito.

No momento eclesial, a postura sensata deverá certamente ser: nem pessimismo perante as estruturas clericais instituídas com suas deformações clericalistas nem o otimismo ingênuo que aposta em mudanças estruturais imediatas, mas, sim, o realismo esperançoso. O clericalismo se encontra em alta no corpo eclesial católico, fortalecido pelo tradicionalismo e pelo fundamentalismo que avançam como paradigmas teóricos e práticos, aparados sobremaneira pelos mecanismos das redes sociais. O primeiro foi reforçado nos dois pontificados anteriores a Francisco. O segundo foi sendo assimilado do paradigma pentecostal, quando assumido o movimento carismático católico.

Vivenciamos no pontificado de Francisco uma cultura eclesial renovadora, na qual a participação de todo o povo de Deus, sujeito primordial da evangelização, está sendo apresentada como legítima e necessária para a renovação eclesial. Trata-se de uma autêntica renovação cultural e, nesse processo, há que avançar as discussões e as deliberações possíveis. Portanto, transformar as ideias de sinodalidade em textos oficiais – em magistério – é algo positivo, necessário e viável politicamente. No *éthos* católico, uma decisão sinodal pode ser um germe, um indicativo ou mesmo uma decisão de mudança. A mudança no âmbito das ideias, em uma instituição tradicional, não é pouco; ao contrário, pode ser o início de uma transformação institucional de médio ou longo prazo. É hora, portanto, de refletir e divulgar a sinodalidade como valor, meta e critério de organização e ação de toda a Igreja.

IX

A escolha dos bispos

A escolha e a nomeação dos bispos são o mecanismo de reprodução da hierarquia a partir de seu topo e, por conseguinte, da reprodução do conjunto da instituição eclesial. Na tipologia de Bourdieu, é o modo instituído de manutenção do sacerdote na direção e na manutenção do corpo institucional. Na consciência católica atual, o mecanismo em uso parece ser, por um lado, um problema dos bispos e do Espírito Santo que os escolhe e, por outro, um método naturalizado como algo quase dogmático, como se "sempre tivesse sido assim". Portanto, uma questão distante que não diz respeito às dinâmicas de base da comunidade eclesial. A efetiva sinodalidade eclesial esbarra nessa problemática crucial, que pode emperrar como causalidade primeira de toda manutenção do poder hierárquico concentrado e autossuficiente, referenciado por uma teologia do sacerdócio ou por uma pneumatologia (da escolha do bispo como obra do Espírito Santo), que termina por esconder os processos reais – as normas, as dinâmicas e os sujeitos responsáveis – pela reprodução da instituição episcopal no corpo eclesial.

Por essa razão, na conversão sinodal da Igreja esse mecanismo detém maior importância; apresenta-se como a pedra de toque de toda a reforma a ser feita, desde onde a participação chega ao coração da manutenção e participação nas decisões eclesiais.

A experiência histórica revela um dado inquestionável: a participação dos sujeitos leigos na Igreja depende do perfil dos bispos que estão à frente das Igrejas locais. A sinodalidade efetivada nas Igrejas da América Latina, por caminhos diversos, conheceu ciclos de realização, ascensão, decadência e dissolução em função de seus pastores. As regras de feitura dos bispos necessitam de reformas urgentes para que a sinodalidade seja autêntica e encontre, inclusive, meios para sua própria subsistência no corpo eclesial que permanecerá estruturado hierarquicamente.

1. Os mecanismos da reprodução institucional

Toda instituição é feita a partir de acordos consensuais entre os sujeitos que detêm alguma posição representativa para o conjunto dos membros associados; nasce, portanto, como resultado de interesses, objetivos e metas adotadas como comuns e, a partir disso, como regra para o grupo. Os movimentos (econômicos, políticos, culturais, religiosos) tornam-se instituição, sob pena de se dissolverem com o passar do tempo. Eles preservam os ideais traduzidos em estruturas, em regras e em papéis. Dentre as regras, a da reprodução institucional é essencial para a manutenção histórica, de onde emergem as normas sobre os postos e funções, sobre a sucessão de cargos de direção, sobre o acesso às funções, assim como sobre o controle sobre a ação ou os papéis exercidos pelas diversas funções. Assim como o conjunto da sociedade, a reprodução institucional garante a regularidade dos propósitos acordados como necessários para os grupos associados. Em todas as sociedades organizadas, esse mecanismo é estabelecido e pode ser percebido como central na sobrevivência histórica dos grupos, dos mais localizados aos mais universais. Sem isso, a lei do mais forte se impõe como meio de acesso e controle dos poderes.

O jeito moderno de organizar foi explicado por Max Weber como burocracia. Para o pensador, o que define uma burocracia é, precisamente, a regra objetiva como superação das regras personalizadas das sociedades antigas. As organizações burocráticas se instituem a partir de regras que regulam sua estrutura e seu funcionamento. São estabelecidas, assim, as regras de manutenção das posições e postos de poder, por meio da definição das funções e das posições hierárquicas, as regras de cada função e das condutas, os meios de controle dos papéis executados, os valores das remunerações e as regras de manutenção e renovação dos poderes. O que rompe com essa objetividade instituída adota um caminho autoritário, personalizado, aparelhado a interesses individuais, familiares e de castas e classes sociais. Essa postura é chamada de "patrimonialismo" e alimenta reproduções nepotistas (utilização de membros familiares) e corrupções no exercício econômico e político do poder.

As instituições decidem sobre os meios de reprodução de sua organização quando fixam as regras da substituição dos membros em cada um de seus postos, a começar pelo posto localizado no topo da hierarquia. A maneira burocrática, segundo Weber, permite a superação das regras de reprodução personalizadas e patrimonialistas que submetem o interesse comum (público) aos interesses privados. Esse seria o aspecto positivo da burocracia no âmbito da sociedade moderna e democrática.

2. A instituição católica

O sociólogo supracitado entendia que a Igreja Católica foi a primeira burocracia do Ocidente, desde que inventou estruturas e regras para a administração de seus bens e de sua organização política e pastoral. A Cúria Romana teria sido, assim, a primeira estrutura bem-sucedida de que se tem notícia na Europa, já antes de tomarem forma as instituições modernas. Essa instituição de longuíssima temporalidade preserva suas percepções próprias sobre os modos de exercer, preservar e reproduzir as funções em seu corpo extenso e complexo, marcado por idiossincrasias locais e por regras comuns universais. A história da Igreja mostra esse processo com suas inevitáveis contradições, com suas preservações e renovações.

A reprodução institucional católica tem características, mesmo que se dê razão a Weber de que se trata de uma grande burocracia. As assimilações de regras e dinâmicas funcionais no corpo católico acompanham, de fato, a história, mas carregam em sua estrutura mais medular as heranças romanas: do direito, das hierarquias, dos concílios e, sobretudo, da organização geopolítica. Ainda hoje a organização geopolítica do Império se mostra visível nas arquidioceses, dioceses e paróquias. A ossatura católica preserva essa herança milenar em seu conjunto. As novas invenções do mundo medieval e moderno foram sendo encaixadas nessa ordem macro: as comunidades monásticas autônomas, as ordens medievais, as escolas, as corporações (*universitates*), as regras diplomáticas modernas etc.

Mas é preciso ressaltar as marcas e dinamismos próprios dessa instituição: (a) a articulação entre passado e presente em nome da fidelidade às origens, que gera um papel importante para a tradição, e, também, a resistência às renovações; (b) a articulação entre um tipo de poder tradicional (assentado na autoridade que se legitima a partir de regras sagradas advindas de tempos fundacionais) e poder racional (exercido a partir de regras objetivas e, portanto, impessoais); (c) a organização geral que articula poder local com o poder central do papa e sua burocracia administrativa; (d) a articulação entre a Igreja pastoral e a Igreja-Estado, administrada por sujeitos que ora se distinguem como exclusivamente pastorais, ora fundem as duas dimensões em seus papéis (os núncios apostólicos, legados pontifícios etc.); (e) a fundamentação teológica não somente da origem, da tradição, da doutrina, dos rituais e dos ministérios como também da própria organização institucional, em que residem os papéis sagrados reproduzidos por regras próprias.

3. Os mecanismos da reprodução institucional católica

A história da Igreja revela uma organização que consegue adaptar-se institucionalmente, porém, em uma dinâmica fundamental de preservação. Seria impensável a Igreja Católica estruturada no seu conjunto sem a organização espacial herdada do Império Romano. Maior estabilidade é ainda conferida à hierarquia, com seus três graus sacerdotalizados, assim como à figura do papa. Essa ordem parece ser definitiva e buscará meios para sua reprodução enquanto existir. Contudo, por dentro dessa estabilidade macro "imutável", os mecanismos de exercício do poder e de reprodução revelam sucessivas adaptações: (a) nas organizações internas autônomas (os mosteiros, ordens e congregações); (b) nas abadias, governadas por abades com poderes semelhantes aos dos bispos; (c) nas instituições universitárias autônomas; (d) na ereção de prelazias desterritorializadas; (e) na assimilação das estruturas sinodais dos ritos orientais; (f) na organização das conferências episcopais; (g) nos movimentos e associações laicas, com suas direções. Essas esferas menores de organização mostram a instituição católica assimilando, em sua estrutura e em sua administração central, poderes localizados e exercidos com relativa autonomia.

A ordem católica real fixa e regrada constitui, assim, um autêntico sistema feito do todo e de partes que se ajustam em um regime de funcionalidade, de preservação e de reprodução. Na esfera macro, os mecanismos de escolha papal por via do voto retratam a convenção mais antiga do exercício da decisão representativa, milenarmente anterior às práticas democráticas. A reprodução hierárquica, por sua vez, conta com teologias sustentadoras de sua existência (sacerdócio e sucessão apostólica), com regras rituais instituidoras dos poderes em cada posição e com regras/práticas de escolha dos bispos.

Como instituição hierárquica, os mecanismos de reprodução exercem a função de manutenção dessa arquitetura de modo seguro e sustentável, em que, em diferentes modelos e mecanismos, prevalecem as regras: (a) da autorreprodução hierárquica, sendo que é precisamente no topo da hierarquia que reside a fonte de legitimidade da instituição dos bispos e, por decorrência, de todo o corpo eclesial; (b) o controle dos processos centralizados de escolha dos mesmos, por meio de mecanismos igualmente controlados; (c) a garantia básica da fidelidade ao poder central da Igreja, como indicativo da preservação da estabilidade institucional; (d) a garantia do controle da reprodução institucional, por meio do segredo que acompanha os processos de nomeações; (e) o direito/dever das nunciaturas apostólicas de conduzir, de fato, todo o processo, embora, por direito, a escolha seja reservada ao papa; (f) o direito garantido de exercício do poder episcopal local, mediante a escolha e a sagração, sem qualquer ingerência do clero e muito menos dos leigos.

Nesses termos, a reprodução hierárquica da Igreja ocorre segundo duas dinâmicas, em princípio antagônicas, porém, simbioticamente relacionadas: (1ª) as regras burocráticas: as normas objetivas estabelecidas e os fluxos previstos para a sequência dos processos, dos quais decorrem a eficiência da máquina reprodutiva; (2ª) as regras políticas: diz respeito não a regras objetivas, mas à lógica de funcionamento político, em que prevalecem os critérios ideológicos que selecionam o perfil dos escolhidos. Se, na primeira regra, está contida a dinâmica reprodutiva do bispo que gera bispo, na segunda entra em ação o perfil que gera perfil. A soma das duas regras garante a manutenção preservadora (conservadora) do sistema de sucessão do poder eclesial e, por conseguinte, de todo o conjunto da vida eclesial.

4. Os mecanismos de nomeação dos bispos

O mecanismo burocrático/político revela uma instituição e, por conseguinte, toda a organização eclesial (espiritual, pastoral, celebrativa) a partir do topo da hierarquia. A máquina reprodutiva é eficiente e garante a estabilidade do conjunto da Igreja e, por decorrência, o direcionamento pastoral. Algumas observações importantes: (a) trata-se de um mecanismo que opera com eficiência uma organização hierárquica e, no caso, uma Igreja que ainda preserva a antiga eclesiologia como sinônimo de sua hierarquia; a escolha do bispo, localizado no topo do poder, carrega um déficit teológico em relação à eclesiologia conciliar; (b) a lógica do segredo permite, na verdade, uma reprodução tranquila do poder, sem influências indesejadas e lutas políticas internas; (c) a mesma lógica possibilita, no entanto, precisamente o tráfico de influências dos bispos que geram bispos e dos perfis que geram perfis, uma vez que a política da clausura das cúrias e da nunciatura é que guarda e esconde a política real das nomeações; (d) um mecanismo carente de autênticas razões teológicas que considerem o pleno exercício do *consensus fidei* do povo de Deus e de uma pneumatologia que localiza o exercício do poder como serviço na permuta dos iguais e dos diferentes, da unidade na diversidade no conjunto da comunidade eclesial; (e) um mecanismo que deforma a função eclesial do pastor "conhecido pelas ovelhas" e repete a velha percepção espiritualizada do governo de almas: de sujeitos sem carne, sem rosto e sem decisão.

É preciso, portanto, colocar em questão o modelo de nomeações que se sustenta como único e, até mesmo, com ares de perenidade. As construções históricas costumam adquirir caráter natural ou sobrenatural no seio das religiões. O que, na verdade, foi construído de modo inevitavelmente datado busca fundamentos nas origens, retrocedendo ao passado e passando a exibir-se como perene e imutável. Nessa perspectiva de sobrenaturalização, as nomeações ficam tão distantes como transcendentes, tão superiores quanto espiritualizadas, coisa do Espírito e não do povo simples e mortal. No entanto, é necessário recordar que: (a) o modelo único constitui, na verdade, uma exclusividade funcional e uma uniformidade processual recentes na história da Igreja; (b) a máquina funcional formalmente eficiente se mostra carregada de vícios políticos; muitas vezes ignora a própria regra objetiva, em favor do peso político de quem indica o candidato ao episcopado; (c) a máquina revela uma contradição em suas próprias funções: quando uma escolha eminentemente pastoral subjaz ao completo controle de um órgão burocrático da Santa Sé (da secretaria de Estado), a nunciatura apostólica; (d) o modelo burocrático é carente de fundamentação teológica e pastoral e reproduz mais valores políticos e eclesiásticos do que pastorais.

É necessário recordar a orientação do Papa São Celestino I (422-432) de que nenhum bispo deveria ser imposto às Igrejas sem o consenso do povo de Deus e que nem mesmo fosse um personagem de outra Igreja. O teólogo José I. González Faus expôs com riqueza de detalhes a história das nomeações episcopais, ressaltando a diversidade de modelos que foram adotados. Na mesma direção refletiu o bispo de San Francisco, John R. Quinn (1929-2017), em seu livro sobre a reforma do papado de 2002.

Portanto, trata-se de uma instituição recente que não tem razões doutrinais, de tradição e até mesmo de neutralidade burocrática para ser sustentada como uma espécie de dogma inquestionável. Na verdade, trata-se de um tabu político do poder centralizado. Nesse quesito, as nunciaturas se mostram como uma espécie de embaixada do Espírito Santo, que garante a moralidade e a pureza teológica e pastoral dos pastores do povo de Deus. Por outro lado, os estudiosos de política apontam para a função ambivalente do segredo no exercício do poder. Na clausura lacrada do silêncio e do segredo (*sic*) penetram e decidem os que detêm poder de acesso ou influência nas decisões dos governos centrais e, muitas vezes, a partir de critérios que não se sustentam à luz do dia ou a partir de regras objetivas. Onde faltam regras objetivas efetivas e transparência, prevalecem quase sempre os acordos dos interessados na manutenção das ordens instituídas.

A própria tradição católica ensina, em sua longa temporalidade e nas diversidades que testemunha, os mecanismos plurais na escolha regular dos bispos no rito latino: (a) na participação direta dos fiéis no mundo antigo como práxis universal; (b) na influência ou decisão direta de reis e príncipes, como no caso do regime do padroado; (c) na participação direta dos cabidos diocesanos, como em dioceses da Suíça, ainda nos dias de hoje; (d) na escolha dos patriarcas dos ritos orientais por meios dos sínodos.

Foi somente a partir do século XIX que o modelo vigente e dominante no rito latino se impôs como hegemônico. Vale frisar a coexistência desse mecanismo principal com outras figuras, a da escolha sinodal praticada pelos ritos orientais católicos em sintonia com a longa tradição das Igrejas orientais e a da regra de nomeação de bispos na China, que conta com a velha interferência do governo local. A unicidade e perenidade do modelo principal vigente não são mais que uma miragem que expressa a conformidade com o modelo de reprodução hierárquica do poder na Igreja em apenas um rito. O conjunto da Igreja é mais diversificado, e a regra hegemônica pode assimilar mudanças sem grandes inovações.

5. O modelo de nomeação é antissinodal

Ainda que se trate de um modelo centenário no rito latino, as nomeações centralizadas nas mãos dos bispos (papa?!) não constituem o único meio de levar isso a efeito; portanto, é algo que poderá ser modificado apenas com uma simples adaptação, sem necessitar de uma estruturação radical. O fato é que isso reproduz uma burocracia política e não eclesial que constitui um verdadeiro entrave à sinodalidade. Sem a mudança nos critérios de nomeações dos pastores, a sinodalidade permanecerá nas periferias e na superfície do corpo eclesial, e, ainda, sendo colocada à mercê dos rumos políticos das conjunturas eclesiais e submetida ao controle direto da estrutura eclesiástica.

As reformas estruturais exigem mudanças nesse mecanismo reprodutor do poder centralizado. A descentralização do poder papal, almejada pelas reformas de Francisco (EG, 32), certamente exigirá a descentralização nas esferas dos bispados e das paróquias. Por conseguinte, há que imaginar uma maneira sinodal de escolher os pastores. Como já foi dito, isso já existe, ainda que dentro dos limites de uma colegialidade episcopal (no caso das escolhas sinodais) e presbiteral (no caso das escolhas capitulares na Suíça). Não se exigiria mais que uma adaptação ou generalização dessas práticas localizadas para o conjunto da Igreja. Contudo, a sinodalidade provoca a imaginar um passo à frente na direção de uma participação mais direta de representantes do povo de Deus. A organização católica possui esferas instituídas (comunitárias, paroquiais e diocesanas) e funções (clérigos, ministérios e sujeitos eclesiais engajados) que permitem rever, sem grandes reboliços e contorcionismos políticos, os processos de nomeação episcopal. A tecnologia a ser construída haveria de ser pautada pela prudência política, sempre regida pela caridade, porém, sem medo dos riscos inerentes aos exercícios que envolvem toda escolha política.

A concentração do processo nas mãos da secretaria de Estado preserva, na verdade, o resíduo político-burocrático-diplomático das escolhas dos tempos da cristandade e dos velhos estados pontifícios. Uma função pastoral deveria transitar, no mínimo, por um dicastério conatural à função do pastor, o responsável pelos bispos (Congregação para os Bispos). A vida das Igrejas locais não pode ser decidida por instâncias mais treinadas na diplomacia do que na vivência pastoral.

Mas a sinodalidade exige o envolvimento das comunidades eclesiais nessa tarefa eclesial da maior seriedade e importância. Essa revisão exigiria uma simples reorganização de regras que dessem conta de incluir as Igrejas locais, com suas esferas e sujeitos, no processo de escolha dos seus pastores. O pastor com cheiro de ovelhas não nasce do processo atual, a não ser por sua exclusiva decisão pessoal de se aproximar do povo e com ele se envolver, na relação fundamental de membros do mesmo corpo, de forma a exercer a missão estrita de servir. A descentralização do processo, de forma a introduzir a sinodalidade no centro da reprodução do ministério episcopal, poderia tocar, de fato, na raiz do dualismo clero-leigo, perpetuado pela instituição piramidal e no poder concentrado e descendente.

Na Igreja sinodal, o exercício das funções diversas deverá submeter-se a maior controle coletivo em nome não somente de uma eficiência ou de uma lisura moral como também de uma corresponsabilidade que se exercita em nome da condição comum dos sujeitos eclesiais particulares/coletivos que compõem a Igreja. A lógica do poder poderá, desse modo, deslocar-se para a lógica do serviço. O bispo nomeado de modo sinodal terá chances de carregar consigo o cheiro das ovelhas, e não o cheiro exclusivo de seus pares, bem como de vivenciar o princípio afetivo de que para amar é necessário conhecer. A reprodução hierárquica mostra-se distante do povo e ocorre sem os vínculos de afeto, de destino comum e de esperanças que definem todo o povo e, com maior força, o povo de Deus.

**

A Igreja permanecerá com seus mecanismos de reprodução institucional e hierárquica. Sobre esse dado estrutural real se deveria avançar para uma sinodalidade mais efetiva. Não se trata de uma usurpação do poder ou de um direito democrático, como nas repúblicas modernas, mas, antes de tudo, de um direito já exercido pelo povo nas Igrejas antigas e que reclama por seu exercício nos dias atuais. A razão teológica da sinodalidade é anterior aos valores republicanos; brota e sustenta-se na própria dignidade dos sujeitos eclesiais revestidos da mesma dignidade comum e chamados ao exercício do protagonismo pastoral na comunidade eclesial. A missão do serviço, exercida no seio do povo de Deus, deveria nascer de algum modo de seu seio, em nome da fé vivenciada na comunidade e em nome do Espírito que ali atua e sustenta as diversas funções que edificam o corpo eclesial.

No *éthos* e na estrutura complexa católica seria impensável tanto uma democracia direta quanto uma organização descentralizada, dentro de um modelo carismático semelhante àquele praticado nas primeiras comunidades. A mudança nos mecanismos de participação, no âmbito comunitário (comunidades de base e outras comunidades), das paróquias e dioceses (com seus conselhos representativos) carrega, para além de suas efetividades, vinculadas quase sempre a conjunturas e perfis episcopais e clericais então vigentes, exigências de institucionalização. A renovação dos processos de nomeação pode desencadear, de cima para baixo, outras participações em decisões de lideranças, como no caso da nomeação de párocos. Nem anarquismo sem lideranças institucionalizadas nem hierarcologia autossuficiente e autorreproduzida. Sim, um jeito de ser Igreja participativa e corresponsável que supere as instituições e mecanismos isolados delegados à decisão de alguns.

O alheamento do povo nesses processos há que ser superado. A sinodalidade é o momento de desvelamento das letargias, das inconsciências e das falsas concepções sobre o exercício dos ministérios no seio da Igreja, que reproduzem estruturas e mentalidades vinculadas a contextos já superados. A eclesiologia da comunhão dos batizados, do sacerdócio comum e do povo de Deus ainda aguarda traduções políticas na decisão sobre seus pastores.

Sem a mudança desse mecanismo burocrático, que esconde a realidade eclesial mais básica do povo de Deus e que reproduz a autossuficiência do poder centralizado, a sinodalidade estará em risco, ainda que chegue aos mecanismos de participação nas decisões locais e se imponha de agora em diante como um valor teológico provocador de transformações.

Entre a preservação e a renovação...

O conflito não pode ser ignorado ou dissimulado; deve ser aceito. Mas, se ficarmos encurralados nele, perdemos a perspectiva, os horizontes reduzem-se e a própria realidade fica fragmentada. Quando paramos na conjuntura conflitual, perdemos o sentido da unidade profunda da realidade (EG, 226).

Com o projeto da sinodalidade, o Papa Francisco conduz as reformas empreitadas desde sua eleição para um ponto decisivo, que toca na vida concreta da Igreja como um todo. Há quem diga que está levando a cabo o próprio Vaticano II ou dando mais um passo na era eclesial aberta e desencadeada pelo Concílio. A sinodalidade traduz e operacionaliza a eclesiologia conciliar que definiu a Igreja, antes de tudo, como realidade comum (corpo de Cristo, comunhão, povo de Deus), para a qual existem e se instituem os ministérios diversos, ordenados e não ordenados. Essa visão e consciência eclesiais, apresentadas pelo Vaticano II, aguardaram suas traduções políticas nos mecanismos de participação na comunidade eclesial. O Sínodo dos Bispos foi retomado como esforço – talvez o único na esfera universal da Igreja – de colocar em prática a colegialidade episcopal. Se a colegialidade, nessa esfera eclesial, foi efetiva ou não, é outra discussão. O fato é que permaneceu, ao menos como princípio e regra, precisamente no topo da hierarquia eclesiástica. Nesse sentido, o concílio pode estar chegando, de fato, a um momento de conclusão de suas renovações eclesiológicas. Se é verdade essa constatação, há que prever uma explicitação ainda maior dos obstáculos como estratégia acirrada de se evitar as mudanças. Os obstáculos que foram por ora mapeados são reais e consolidados nas representações e nas práticas católicas. A sinodalidade, por ora uma ideia e um projeto mais ou menos consensual, vai esbarrar nesses obstáculos de modo direto ou indireto, dissimulado ou assumido.

A vivência da sinodalidade visa universalizar a colegialidade para o conjunto da Igreja. Com esse valor teológico, princípio político e método pastoral, chega-se na organização eclesial: nas regras de funcionamento pastoral e institucional, no exercício das funções e na própria definição da natureza das funções. Por certo, por mais ampla e efetiva que possa vir a ser, não irá muito além da revisão das funções exercidas por clérigos e leigos no interior do corpo eclesial. Os resultados do sínodo é que indicarão o real alcance da intuição franciscana. De toda forma, a semente está lançada para o presente e para o futuro da Igreja.

Os obstáculos sempre acompanham os processos de renovação. Alguns sujeitos os encaram como impedimento intransponível ou como sinal da inadequação das mudanças, e até mesmo os cultivam como problemas de estimação. Aos que acolhem as renovações como dom e como tarefa vivenciada na fé e por meio da inteligência estratégica, cada obstáculo exige discernimento e superação.

Os três tópicos a seguir visam indicar as possíveis dimensões e tarefas decorrentes da sinodalidade, após a descrição dos sete obstáculos no corpo da reflexão.

1. Postura da fé

A sinodalidade é um processo. Nenhuma formulação e nenhuma prática poderão esgotá-la ou traduzi-la de modo definitivo, tendo em vista, por um lado, a condição histórica da Igreja, sempre em construção (*semper reformanda*), e, por outro, sua índole escatológica, peregrina na busca da perfeição. A pneumatologia que desaloja a Igreja dos cristomonismos e de suas consequências teocráticas ensina que o Espírito conduz os seguidores de Jesus Cristo em uma história sempre provisória. Nesse sentido, os obstáculos à sinodalidade acompanharão sempre o processo eclesial e exigirão, a cada tempo e lugar, discernimentos e estratégias de superação. O processo da fé exige conversão permanente de cada fiel e da comunidade inseparavelmente. Toda a Igreja é chamada a conformar-se permanentemente ao projeto de Jesus Cristo. As individualidades, as linguagens e as estruturas compõem um único corpo que necessita de crescimento permanente. Na força do Espírito, a comunidade eclesial busca conformar-se a Jesus Cristo, Mestre do amor e do serviço. Sem esse pressuposto de fé que alimenta como fonte e guia como meta, a sinodalidade torna-se mera estratégia política – como simples democracia ou como exercício colegiado de administração burocrática – e pode terminar em congelamentos de padrões institucionais que tragam em sua rotina a busca permanente da perfeição (Mt 5,48) que tudo renova.

2. Postura comunitária

A palavra "comunidade", na percepção cristã, é relação que unifica na mesma comunhão fraterna as diversidades. Nem a objetividade instituída das religiões que escondem ou ignoram as individualidades nem a aglomeração de indivíduos isolados, com seus desejos e interesses. A relação entre os diferentes será sempre o desafio de construção da comunidade: membros diferentes do mesmo Corpo, como ensina o apóstolo Paulo (1Cor 12-15). A construção de relações é uma tarefa desafiante que exige conversão e crescimento. Nenhuma comunidade nasce pronta como um grupo de rede social nem se impõe por decreto. A paróquia, para ser rede de comunidades – comunidade de comunidades –, exige uma construção concreta de mudanças nas relações sociais, dentro de uma sociedade radicalmente individualizada e massificada. A sinodalidade pressupõe essas relações concretas que ensinam as individualidades a viverem relacionadas. Nada de novo. Mas significa a concretização da regra de ouro judeo-cristã: "amor ao próximo como a si mesmo" (Mt 22,37-39).

A carnalidade é a base da vida sinodal. Sem essa presença de seres humanos marcados por suas singularidades e comprometidos uns com os outros, a sinodalidade poderá reduzir-se a mero método pastoral ou a uma estratégia política. A construção da comunidade cristã é o pressuposto zero de todo processo sinodal. É da empatia e do vínculo que nascem as relações autênticas e, por conseguinte, os mecanismos de participação. Nesse nível fundamental, que supera os isolamentos e as manias de concentração de poder, é que nasce a postura sinodal. "Alegrem-se com os que se alegram, e chorem com os que choram. Vivam em harmonia uns com os outros. Não se deixem levar pela mania de grandeza, mas se afeiçoem às coisas modestas" (Rm 12,15-16).

3. Política de reforma

Se a fé requer um crescimento que vai da conversão individual às mudanças estruturais, a ação reformadora exige e foca nessas revisões. A sinodalidade se faz como participação dos sujeitos eclesiais em situações concretas feitas de funções e de normas. A reforma política busca os modos e os métodos mais coerentes com a vida dos iguais-diferentes que compõem a comunidade eclesial e procura superar as concentrações de poder que separam e sobrepõem os fiéis no mesmo corpo. Nesse sentido, o processo sinodal deverá desencadear ações em duas direções mutuamente implicadas, que enfrentem o clericalismo instalado na estrutura eclesial:

1º) A descentralização dos ministérios: o Papa Francisco dava o primeiro passo na busca da sinodalidade, quando concluía em sua exortação programática: "Não convém que o papa substitua os episcopados locais no discernimento de todas as problemáticas que sobressaem nos seus territórios. Neste sentido, sinto a necessidade de proceder a uma salutar 'descentralização'" (EG, 16). O que se deve aplicar ao papa, por certo se pode impor a todo ministério ordenado. A "salutar descentralização" deverá ser um movimento geral que atinja todas as funções e serviços na Igreja. Francisco certamente diria: "Não convém que o bispo substitua o pároco... Não convém que o pároco substitua os leigos... Não convém que o líder leigo substitua o companheiro leigo...". No imaginário clerical antissinodal, o princípio que prevalece é o da concentração: o papa dispensa o bispo, o bispo dispensa o padre, o padre dispensa o leigo... Todos se entendem como exclusivos em seus ministérios e os exercem de forma isolada e autocrática. E, quando o clericalismo impera, o desejo de ascensão toma conta da imaginação: o leigo pensa ser o padre, o padre pensa ser o bispo e o bispo pensa ser o papa. A descentralização não consiste tão somente em um jeito voluntário de cada membro da hierarquia desempenhar o seu serviço de modo mais ou menos concentrado, mais ou menos participativo, mas em uma revisão institucional das funções. Sem essa revisão, a sinodalidade da boa vontade vem e vai em função das personalidades que exercem suas funções na Igreja, do bispo ao leigo.

2º) A desconcentração das funções: a desconcentração é a decorrência da descentralização. Significa que cada função deve limitar-se àquilo que é essencial ao seu exercício, seguindo a dinâmica da subsidiariedade, mas também que se deve repensar as próprias funções historicamente concentradas nas mãos da hierarquia clerical. Uma Igreja ministerial desconcentra os serviços e funções não somente por razões pragmáticas ou de escassez de ministérios ordenados, mas por partilha de serviços dentro da comunidade. O princípio da desconcentração das funções tem insistido na adoção de modelos ministeriais ordenados mais plurais, a ordenação de homens casados e o exercício do diaconato pelas mulheres. Dentro ou fora do esquema sacerdotal e ordenado, os ministérios podem agregar funções próprias que, até o momento, se concentram nas funções clericais. A sinodalidade pressupõe sujeitos eclesiais conscientes, autônomos e responsáveis e, por conseguinte, solicita modificações no exercício ministerial nas comunidades eclesiais.

4. Pedagogia eclesial

A educação da fé é inerente à vida eclesial e acompanha sua história da Igreja como decorrência dos modelos e dos projetos assumidos em função das reformas adotadas, de modo particular nas decisões conciliares. Toda recepção de ensinamentos e decisões do magistério eclesial exige uma ação pedagógica que conduza à compreensão, à acolhida e à vivência da parte do conjunto de fiéis.

A sinodalidade eclesial exigirá essa tarefa para que possa ser efetivada, muita embora possa (deva) trazer consigo uma dimensão de institucionalização que se traduza em normas canônicas. Sem essa ação pedagógica, a mudança política ou mesmo estrutural não se torna costume (cultura) dentro da Igreja, podendo ficar restrita a uma pequena elite mais informada. Nesse sentido, a vida mais sinodal exige uma educação permanente de todos os sujeitos eclesiais, educação que se efetive e se organize: (a) para além da exclusividade clerical (a concentração de recursos financeiros e humanos dispensados na formação do clero) e que, de modo mais paritário, invista na formação dos sujeitos leigos; (b) que ocorra de modo permanente para o clero e para o leigo, ambos conformados por uma formação temporária e definitiva. Como em todas as áreas de conhecimento, a atualização se mostra imprescindível e urgente na atual sociedade da informação.

O processo sinodal concretiza, no campo da participação eclesial, a própria era do *aggiornamento* conciliar: época de discernimento e renovação permanente da Igreja no diálogo e no serviço à humanidade e na vivência de sua própria dinâmica interna, como discípulos e missionários de Jesus Cristo. Nesse sentido, os sujeitos eclesiais se encontram inseridos em um processo de busca da sinodalidade no antes, no durante e no depois da realização das assembleias sinodais em 2023-2024. Em todas as fases, os obstáculos deverão ser assumidos para serem superados. As teologias da comunhão eclesial que escondem os obstáculos são falsas e ideológicas por esconderem os interesses de preservação de sujeitos ciosos de poder e por alimentarem o medo e a inércia da renovação.

Bibliografia

ASSMANN, Hugo. *A Igreja eletrônica e seu impacto na América Latina*. Petrópolis: Vozes, 1986.

BACHELARD, Gaston. *A formação do espírito científico*. Rio de Janeiro: Contraponto, 1996.

BAUMAN, Zygmunt. *Estranhos à nossa porta*. Rio de Janeiro: Zahar, 2017.

BOBBIO, Norberto. *Democracia e segredo*. São Paulo: Unesp, 2015.

BOURDIEU, Pierre. *A economia das trocas simbólicas*. São Paulo: Perspectiva, 2003.

BRIGHENTI, Agenor (org.). *O novo rosto do clero*: perfil dos padres novos do Brasil. Petrópolis: Vozes, 2021.

CANCLINI, Nestor. *Culturas híbridas*: estratégias para entrar e sair da modernidade. São Paulo: Edusp, 1998.

CASTELLS, Manuel. *O poder da comunicação*. São Paulo: Paz e Terra, 2015.

COMBLIN, José. *A liberdade cristã*. Petrópolis: Vozes, 1977.

CONGREGAÇÃO PARA A DOUTRINA DA FÉ. Declaração *Dominus Iesus*, 2000. Disponível em: <https://www.vatican.va/roman_curia/congregations/cfaith/documents/rc_con_cfaith_doc_20000806_dominus-iesus_po.html>. Acesso em: 25 jun. 2021.

ELIADE, Mircea. *O xamanismo e as técnicas arcaicas do êxtase.* São Paulo: Martins Fontes, 1998.

EMPOLI, Giuliano da. *Os engenheiros do caos.* São Paulo: Vestígio, 2020.

FRANCISCO. Exortação *Evangelii gaudium.* São Paulo: Paulinas, 2013.

_____. Momento de reflexão para o início do percurso sinodal. Disponível em: <https://www.vatican.va/content/francesco/pt/speeches/2021/october/documents/20211009-apertura-camminosinodale.html>. Acesso em: 25 jun. 2021.

_____. *Encontro com a Cúria Romana na apresentação de votos natalícios.* Disponível em: <https://www.vatican.va/content/francesco/pt/speeches/2016/december/documents/papa-francesco_20161222_curia-romana.html>. Acesso em: 25 jun. 2021.

_____. Encíclica *Fratelli tutti.* São Paulo: Paulinas, 2020.

_____. Constituição apostólica *Praedicate Evangelium.* São Paulo: Paulinas, 2022.

FROMM, Erich. *O medo à liberdade.* Rio de Janeiro: Zahar, 1974.

GADAMER, Hans-Georg. *Método e verdade.* Petrópolis: Vozes, 1997.

GONZÁLEZ FAUS, José Ignácio. *"Nenhum bispo imposto" (S. Celestino, Papa)*: as eleições episcopais na história da Igreja. São Paulo: Paulus, 1996.

HOBSBAWM, Eric; RANGER, Terence. *A invenção das tradições.* São Paulo: Paz e Terra, 2002.

LAFONT, Ghislain. *História teológica da Igreja Católica.* São Paulo: Paulinas, 2000.

LIBANIO, J. Batista. *Volta à grande disciplina*. São Paulo: Loyola, 1984.

LIPOVETSKY, Gilles. *A felicidade paradoxal*: ensaio sobre a sociedade do hiperconsumo. São Paulo: Companhia das Letras, 2007.

_____. *A sociedade pós-moralista*: o crepúsculo do dever e a ética indolor dos novos tempos democráticos. Barueri: Manole, 2005.

NETTO, E. Leila. *O conservadorismo clássico*: elementos de caracterização crítica. São Paulo: Cortez, 2011.

PARRA, Alberto. *Os ministérios na Igreja dos pobres*. São Paulo: Vozes, 1991.

PASSOS, J. Décio. *As reformas da Igreja Católica*: posturas e processos de uma mudança em curso. Petrópolis: Vozes, 2018.

_____. *A força do passado na fraqueza do presente*: o tradicionalismo e suas expressões. São Paulo: Paulinas, 2020.

QUINN, John R. *A reforma do papado*: indispensável para a unidade cristã. Aparecida: Santuário, 2002.

SANTAELLA, Lúcia. *A pós-verdade é verdadeira ou falsa?* Barueri: Estação das Letras e Cores, 2019.

TOURAINE, Alain. *Poderemos viver juntos?* Iguais e diferentes. Petrópolis: Vozes, 1999.

WEBER, Max. *Economía y sociedad.* México: Fondo de Cultura Económica, 1997.

WILLIAMS, Matthew. *A ciência do ódio.* Rio de Janeiro: Globo, 2021.

Índice remissivo

A

Amor   74, 92, 99, 114, 119, 120, 124, 161, 162
Autoridade   35, 72, 92, 108, 110, 136, 137, 139, 140, 148

B

Bolhas   95, 111, 112, 113, 114, 115, 117, 118, 120, 121, 129, 136

C

Carisma   26, 35, 56, 73, 111, 136, 138, 139
Carne   9, 117, 124, 152
Centralização   128, 138
Clericalismo   62, 66, 79, 127, 128, 129, 130, 132, 133, 136, 138, 139, 140, 141, 142, 163
Clero   44, 62, 65, 66, 78, 96, 97, 127, 128, 129, 131, 133, 134, 135, 137, 138, 141, 150, 156, 165
Comunhão   9, 10, 11, 12, 15, 44, 45, 46, 47, 77, 79, 87, 88, 94, 96, 107, 108, 111, 121, 132, 134, 142, 157, 159, 161, 165
Conservação   14, 15, 23, 24, 45, 62, 92, 98, 120
Cultura   27, 28, 29, 34, 36, 38, 39, 40, 44, 54, 58, 65, 90, 97, 98, 102, 110, 115, 129, 130, 142, 165

D

Descentralização   39, 80, 81, 154, 155, 163, 164
Desejo   53, 102, 105, 106, 109, 163

E

Eclesiocentrismo   51, 52, 55, 57, 58, 59, 61, 62, 127
Emoção   103, 106, 120, 130, 135
Estrutura   11, 12, 13, 14, 24, 39, 40, 45, 59, 62, 65, 66, 87, 88, 89, 102, 129, 132, 135, 141, 147, 148, 149, 154, 157, 163

F

Fé   9, 10, 11, 15, 29, 43, 46, 55, 62, 70, 87, 94, 100, 103, 104, 105, 106, 109, 110, 112, 118, 119, 123, 134, 136, 156, 160, 161, 162, 164

H

Hierarquia   39, 59, 63, 65, 66, 76, 80, 85, 89, 91, 128, 134, 137, 145, 147, 149, 150, 151, 160, 163, 164

I

Individualismo   99, 100, 101, 102, 103, 104, 105, 106, 107, 109, 110, 116, 135
Instituição   11, 21, 23, 24, 30, 34, 36, 37, 38, 55, 56, 59, 63, 67, 69, 70, 72, 77, 127, 137, 139, 140, 141, 143, 145, 146, 147, 148, 149, 150, 151, 153, 156

J

Jesus Cristo   10, 46, 56, 57, 71, 72, 73, 74, 75, 77, 99, 111, 124, 141, 161, 165

L

Leigo   39, 46, 47, 60, 62, 65, 66, 74, 78, 79, 80, 81, 86, 90, 97, 127, 128, 129, 132, 133, 134, 137, 138, 141, 146, 150, 156, 160, 163, 165

M

Magistério 13, 39, 41, 42, 43, 44, 61, 87, 91, 98, 122, 130, 132, 135, 142, 164

Mercado 100, 102, 109, 135

O

Obstáculo 10, 29, 30, 36, 39, 110, 160

P

Papa 11, 12, 13, 14, 33, 34, 35, 37, 38, 39, 42, 44, 45, 46, 51, 54, 62, 80, 87, 88, 95, 97, 102, 105, 109, 116, 123, 128, 132, 136, 148, 149, 150, 152, 154, 159, 163

Participação 9, 11, 12, 13, 14, 15, 24, 41, 43, 44, 45, 47, 66, 78, 79, 80, 85, 98, 106, 107, 108, 118, 120, 121, 127, 142, 145, 153, 155, 157, 159, 162, 165

Poder 9, 14, 20, 21, 29, 35, 36, 37, 39, 44, 58, 59, 62, 63, 65, 66, 67, 70, 72, 74, 76, 78, 85, 88, 89, 97, 109, 113, 127, 128, 129, 130, 131, 133, 134, 138, 139, 141, 142, 145, 147, 148, 149, 150, 151, 152, 153, 154, 156, 157, 162, 163, 165

Política 9, 15, 25, 27, 35, 39, 43, 45, 52, 59, 61, 67, 74, 78, 86, 89, 90, 92, 97, 98, 101, 103, 107, 110, 115, 120, 137, 142, 148, 151, 153, 154, 155, 161, 162, 163, 165

R

Reforma 14, 24, 26, 31, 33, 34, 37, 38, 40, 42, 44, 52, 58, 66, 75, 88, 145, 153, 163

Reprodução 59

S

Sacerdócio 66, 69, 70, 72, 74, 75, 77, 78, 79, 80, 130, 145, 150, 157

Seitas 113, 114, 118

Sínodo   11, 12, 13, 14, 45, 81, 97, 98, 159, 160, 165
Sociedade   14, 16, 20, 27, 28, 33, 46, 55, 58, 59, 60, 89, 90, 91, 93, 100, 107, 109, 112, 117, 118, 123, 131, 146, 147, 162, 165

T

Teologia   9, 11, 15, 41, 60, 65, 66, 72, 74, 75, 77, 79, 80, 88, 91, 98, 107, 110, 124, 145
Tradicionalismo   39, 85, 86, 89, 90, 98, 111, 142

V

Vaticano II   10, 14, 16, 27, 41, 42, 58, 59, 60, 61, 75, 79, 87, 88, 91, 93, 112, 130, 133, 134, 135, 136, 159
Verdade   19, 29, 30, 40, 45, 55, 58, 59, 65, 76, 85, 86, 87, 88, 89, 90, 91, 94, 95, 104, 108, 111, 112, 115, 118, 121, 122, 123, 127, 130, 135, 136, 160
Virtual   115, 116, 117, 120, 129, 130, 131, 135

Rua Dona Inácia Uchoa, 62
04110-020 – São Paulo – SP (Brasil)
Tel.: (11) 2125-3500
http://www.paulinas.com.br – editora@paulinas.com.br
Telemarketing e SAC: 0800-7010081